日経文庫
NIKKEI BUNKO

ブランディング

中村正道

JN218493

日本経済新聞出版社

はじめに

世界は今、大変革の時代をむかえています。もちろん我が国も例外ではありません。今世紀に入って約20年、多くの日本企業は、リーマンショックや東日本大震災をはじめとする幾多の自然災害などを経て、人口減少・少子高齢化といった我が国固有の社会的な背景の中で、ビジネスのグローバル化に成長の活路を求めてきました。その中で注目を集めるようになった概念が、「ブランディング」です。

Google で「ブランディング」というキーワードを検索すると、2800万件以上がヒットし、そこでは、数多くの「ブランドコンサル」が華麗なブランディングの実績を競い合い、独自のブランディング理論が紹介されています。しかし、あえて辛辣な言い方をすると、その多くはブランディングの名を借りた一過性のキャンペーンやプロモーションであり、ブランディングの本質とはほど遠いものとなっています。

身近な事例に置き換えると、ブランディングは家づくりにも似ています。家づくりには、設計士から、測量士、大工、左官、電気など設備工事の技術士に至るまで、多くのジャンルのプロが関わりますが、彼らの仕事は、ハードが完成したら終了します。しかし、家を家として機能させるためには、建物の完成後も、それを中長期的に管理し続けることが必要です。適切に管理された家は多くの人を魅了し、時代を超えて輝き続けます。そのすべてに関わるリーダーは、家主以外には見い出せません。

ブランディングも同様です。立ち上げの際には、マーケティングやクリエイティブなどプロの力を借りることがあっても、実際にそれを管理・運営し続けるのは、企業自身に他なりません。

しかし、我が国におけるブランディングの世界では、まるでテレビCMを一本発注するかのように、ブランディングをコンサルティング会社や広告代理店に依頼して、彼らの業務が終わった段階でプロジェクトは完了と見なされ、「効果が出ない」という悩みにさいなまれている企業が多いのが実情です。これはつくりっぱなしで放置されている家のようなもので、このような混沌がまかり通っていることが、現在の我が国のブランディングが置かれている状況を物語っているのではないかと筆者は感じています。

本書は、企業や自治体などの組織に所属するブランディングの実務の担当者、もしくはこれからその着手を検討される方が、そのような混沌としたブランディングの迷路の中で行き先を見失わないよう、あるいは既に行き先を見失った人が迷路から脱出し、行き先を軌道修正するためのベンチマークを示すことを目的に著したものです。

筆者は、世界最大のブランディング会社であるインターブランドの第一線に長く身を置き、これまで多くの企業・団体の「ブランディング」と深く関わる機会をもってきました。インターブランドは、毎年発表するBest Global Brands（グローバルブランドのブランドの金額価値を評価し、公表するランキング）でも世界的に知られ、その評価手法がＩＳＯ（国際標準化機構）から世界で最初に認証を得たブランディング会社です。インターブランドが有するブランディングのメソッドは、現在、世界のブランディングをリードするグローバルスタンダードであると自負しています。そんなグローバルスタンダードのブランディングを日本の企業や団体が実践する際の要点を押さえ、読者の皆さんを実務的かつ本質的なブランディングに〝招待〟する手引書とすることが、本書の位置付けです。

ブランディングは、本来、経営課題の最上位項目として取り組むべきテーマですが、残念ながら、我が国においては、経営者主導で推進されるケースはいまだ多いとはいえません。マーケティング活動のように毎年の予算化がされていないことも背景に、意識の高い現場担当者が、ボトムアップで働きかけなければ、プロジェクト自体が立ち上がらないというのが、現在我が国で展開されているブランディングプロジェクトの姿です。

そのような観点から、本書では、ブランディングの基礎的な解説に加え、ビジネスの最前線でブランディングの実務を担われる担当者の「ブランディングは、今どうなっているのか」「どのように進めればプロジェクトをうまく始動できるのか」「この先ブランディングはどのように進化するのか」といった問いにも答えていきます。またパートナーとして起用している会社やスタッフの能力の真偽を見極めることにも役立つような内容としました。

本書が、学術的な「ブランド論」とは一線を画した「ブランディングの実践書」として、実務担当者の手引きとなり、読者の皆さんが、これから取り組まれるブランディングのアクションの一助になれば、幸いです。

最後に、本書の発行にあたりまして、事例掲載のご協力をいただきましたソニー株式会社様、スターバックスコーヒージャパン株式会社様、株式会社スノーピーク様をはじめとする各社様に、この場をお借りしてお礼と感謝を申し上げます。また都度適切なアドバイスをいただいたインターブランドジャパン代表取締役社長ＣＥＯの並木将仁氏、本書の企画から出版に至るプロセスでサポートいただいた日本経済新聞出版社の細谷和彦氏に心よりお礼申し上げます。

２０１９年10月

中村正道

ブランディング　目次

第4章　ビジネスとブランドの成長と理念体系　113

第5章 ブランディングの推進

第7章　ブランディングの共創

序章

ブランディングの必要性

1 今、ブランディングが求められる背景

ますます必要性が高まる「ブランディング」

近年、ビジネス課題を解決する方策の一つとして、「ブランディング」への関心が急速に高まっています。しかし、ひと言でブランディングと言っても、その姿は一様ではありません。筆者は、世界最大のブランディング会社インターブランドに所属し、これまで多くの企業・団体のブランディングプロジェクトに関わってきましたが、社会・経済環境の変化とともに、ブランディングのあり様も変化しており、対象となるビジネスの課題や、その打ち手となるブランディングの方策も進化していることを実感しています。

1990年代以降、「ブランド」については数多くの書籍が出版されていますが、本書では、筆者がこの十数年にわたり、インターブランドジャパンのフロントで、数多くの日本企業のブランディングプロジェクトの起動とその実践に関わってきた経験に基づき、実際に「ブランディング」というビジネス活動を推進されている現場の実務担当者、もしくは、こ

れからその着手を検討される方にとって、最低限理解しておくべき要点——これからブランディングをプロジェクトとして社内で起案し、社内で経営の承認を得て予算化し、さらには実際にプロジェクトを推進していくことになった際に、留意しておかねばならないポイントは何か。またスタートしたブランディングプロジェクトをうまく推進していくためには何が必要となるか、など——にフォーカスした解説を進めていきたいと思います。

人口減少社会が要請するビジネスの高付加価値化

本論に入る前に、なぜ今、日本企業にブランディングが求められるのか。その必然性を理解することから始めましょう。

端的に言えば、その背景には、日本企業の国際的な競争力の低下——世界の中での、日本の相対的な存在感の希薄化があります。図P－1は、1980年から2021年（予想）までの主要国の名目GDPの推移を示しています。2010年に中国が日本を抜き、世界第二位の経済大国に躍進する中、日本経済は20年間停滞を続けています。一方その間、同じ先進国のアメリカ、EUはそれぞれ2倍以上の成長を遂げています。

とはいえ、日本は、GDP総額ではいまだ先進国で第2位の経済規模を有しています。そ

図 P-1　2021年までの名目GDP

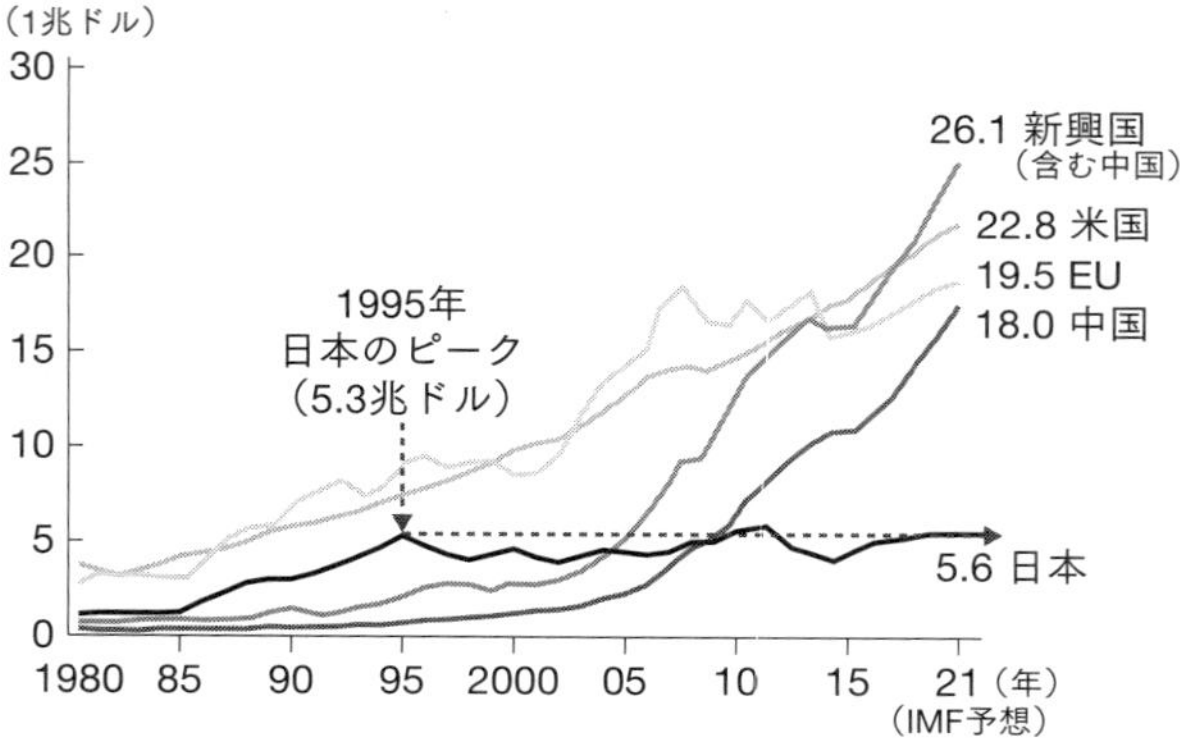

出典：World Economic Outlook

の要因の一つは、先進国でアメリカに次ぐ人口の多さです。実際、日本の高度経済成長期においては、増加する人口とともに毎年GDP総額を伸ばしてきたことは歴史的な事実です（図P－2）。

ここで視点を生産性に移してみましょう。就業者1人当たりで見た2017年の日本の労働生産性は、8万4027ドル（837万円／購買力平価（PPP）換算）。順位は、OECD加盟36カ国中21位で、2013年から順位が変わっておらず、主要先進7カ国で最も低い水準となっています（図P－3）。

人口の多さが、日本が世界全体で3番目の経済規模を有していられる大きな要因であることに疑う余地はありません。つまり、低い労働生産性でも増える人口とともに経済成長してきたのが、こ

図 P-2　先進国の GDP と人口

国名	GDP （10億米ドル）	人口 （千人）	1人当たり GDP （米ドル）
アメリカ	21,345	329,559	64,767
日本	5,750	126,184	45,565
ドイツ	4,467	82,952	53,854
イギリス	3,128	66,867	46,782
フランス	3,055	65,021	46,978
イタリア	2,442	60,740	40,206
韓国	2,230	51,874	42,985
スペイン	1,938	46,656	41,538
カナダ	1,897	37,465	50,626
オーストラリア	1,369	25,568	53,559
台湾	1,306	23,634	55,244
オランダ	1,004	17,240	58,255
シンガポール	589	5,681	103,717
ベルギー	568	11,470	49,480
スイス	564	8,586	65,707

出典：IMF 購買力平価調整後 名目 GDP (2019) より筆者作成

れまでの日本の姿なのです。

その一方で、日本の労働者の質は国際評価機関のWorld Economic Forumでは、世界第4位の評価を得ています。「いいものをより安く」という経営戦略のもとで、常に効率を求め、コスト削減、とりわけ優秀な労働者の人件費の抑制に邁進してきたのがこれまでの日本の経済成長の原資であったと理解することができるでしょう。

図 P-3　OECD 加盟諸国の労働生産性

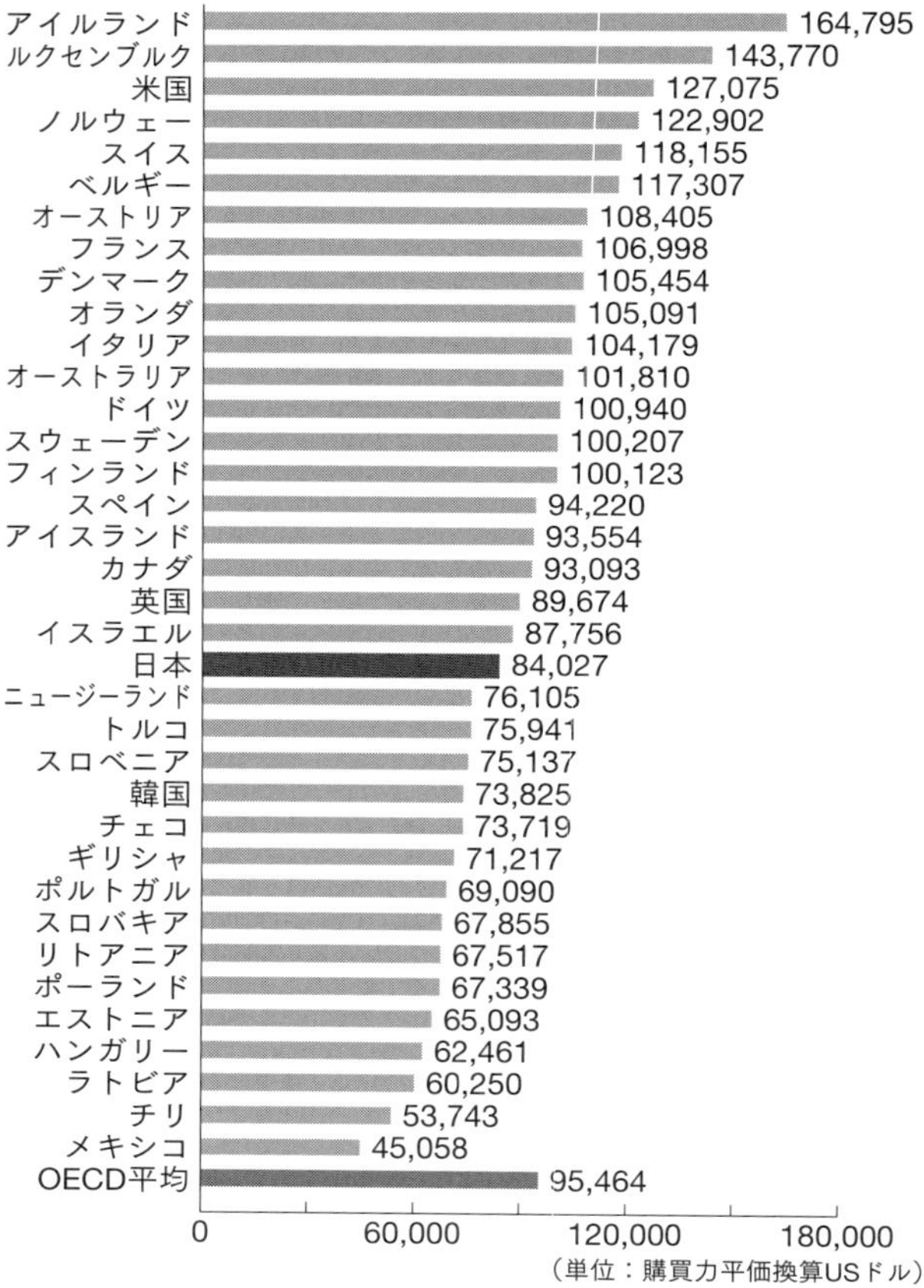

（2017 年・就業者 1 人あたり／36 カ国比較）
出典：公益財団法人日本生産性本部

実際に、1990年代前半まで日本企業とその製品は、グローバル市場において市場シェアを拡大し、中長期的な成長を実現してきました。戦後の高度成長を長く支えた安く勤勉な労働力は「安い」製品を生み出し、高度な技術力による「いいもの」がグローバル市場を席捲してきたことは事実です。

しかし、これからはそうはいきません。我が国は、人類史上いまだかつてない規模の人口減少と高齢化が同時に進行すると予測される状況に置かれています（図P－4）。

ビジネスの生産性向上と高付加価値化

この先、「少子高齢化」以上に課題となる「人口減少」は、確実に、我が国全体に生産性向上を要求してきます。この先減少していくことが確実な労働者人口で、増大を続ける高齢者を養う福祉予算を賄っていかなければ国が破綻してしまうということは、改めていうまでもありません。

我々が選択する未来として、二つのマーケットを考えてみましょう。一つは、戦いの場（市場）を、縮小する国内から、海外に求める選択です。

図 P-4　減少する我が国の人口

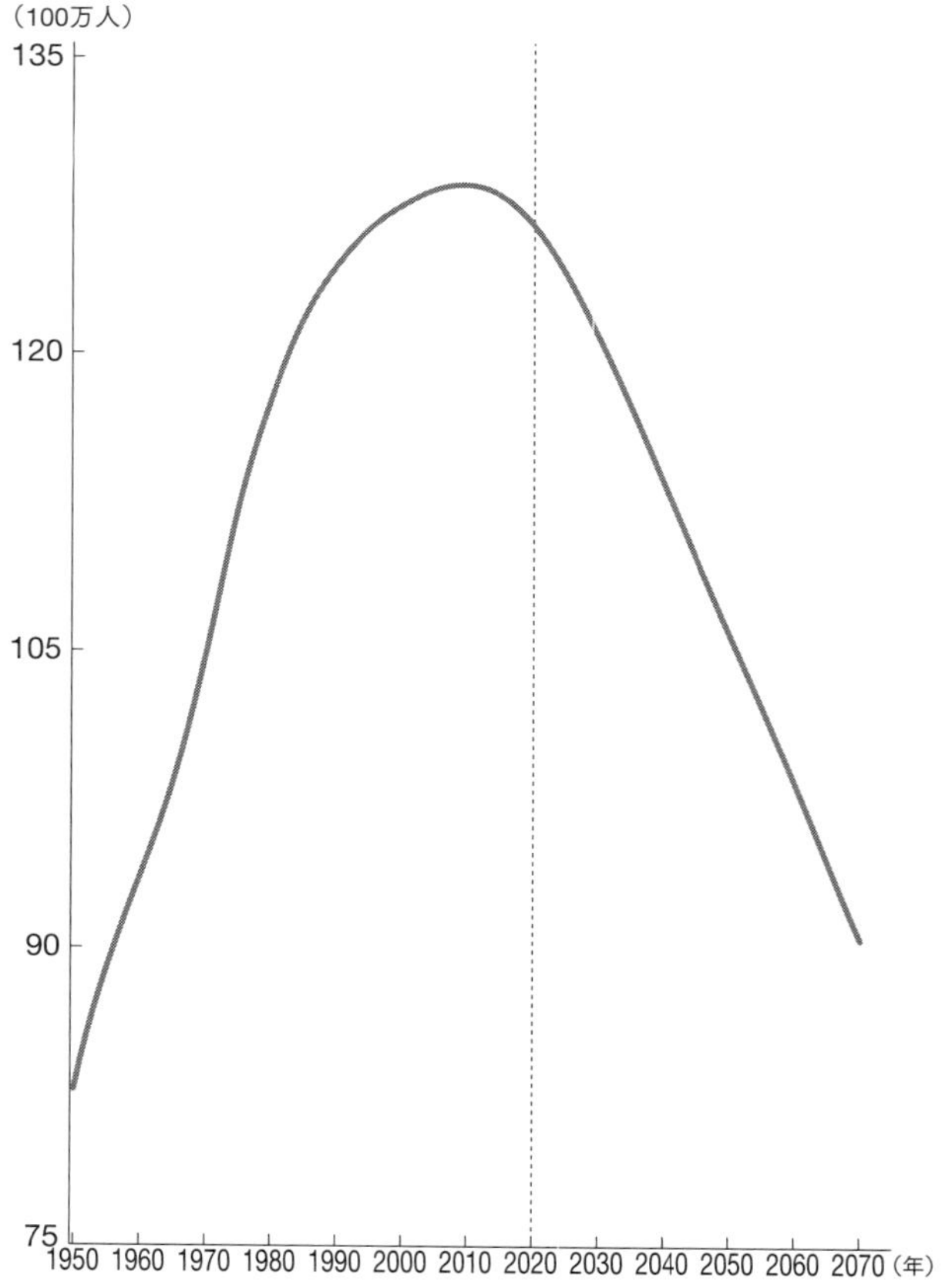

出典：国際連合 (UN) World Population Prospects, 2019

これまで我が国の輸出を牽引してきた自動車や家電といった業界だけではなく、少子高齢化が唱えられはじめたこの10年、多くの業界が、海外展開を加速させています。いうまでもなく、そこは並み居るグローバル競合としのぎを削る世界です。

顧客満足度調査の中でも自動車関連の初期品質調査、耐久品質調査などで定評のあるJDパワー社は、2001年に「もはや世の中に欠陥車など存在しない」というメッセージを発しています。このメッセージが意味するものは、製品のコモディティ化です。つまり、製品の機能的な要因での差別化が困難になっていることは、今に始まった話ではなく、グローバル市場では、少なくともこの20年、市場のすべてのプレイヤーたちが、技術や性能といった製品の「品質」に代わる差別化要因を考え続けています。彼らが考え、磨き続けているもの、それこそがブランドに他なりません。

では、もう一つの選択として、戦いの場を、縮小する国内市場に求める場合はどうでしょうか。当然のことながら、これまでと同じシェアを確保しているだけでは、売り上げの減少は明白なので、利益額を拡大することを考えなければなりません。

その場合、今まで以上にコストを削減して利益を拡大するという答えが返ってくるかもしれません。確かにその方策は、短期的には一定の利益をもたらすかもしれませんが、それは持続可能な成長を実現するでしょうか。新興国企業から同じ便益をもたらす、さらに安価な製品が発売されたら、もう一段の効率化を追求するということでしょうか。削減されるコストの中心が人件費となれば、デフレから脱却するどころか、いよいよ国の先行きも怪しくなります。コストダウンではなく、これまで以上に製品やサービスを高く買ってもらう方策を考えなければなりません。ここでもブランドこそが、欠かせない武器になるのです。

つまり、いずれの選択をするとしても、人口増加時代に確立された「いいものをより安く」という低価格競争と決別し、いかにして高付加価値を生み出すかに注力をしなければ、我々の生き残る道はないということなのです。

グローバル市場における競争戦略のみならず、対象業種（B to B、B to C、B to B to C、G to Cなど）、対象とするテーマ（企業、事業・サービス、プロダクト）やステークホルダー（社内の浸透活動・社外に向けた浸透活動、人材採用活動）など、様々なビジネスにおける高付加価値化戦略として、「ブランディング」への取り組みがこれまで以上に重要となることについて、異論を挟む余地はありません。

2 そもそも「ブランディング」とは何か

共通認識が曖昧な「ブランディング」という概念

これからの日本の企業にとってのブランディングの必然性について、ご理解いただけたでしょうか。

いや、そうはいっても我が社はB to B企業だから。うちの会社はセンスが悪いから。自分はマーケティング担当ではないから。もしかしたら、そんな印象を抱かれた読者もいらっしゃるかもしれません。実際、筆者はこれまで様々な場所でこの話をしてきましたが、幾度となくそんな反応と向き合ってきました。

無理もありません。ブランディングとは、ネーミングやロゴによる差別化であり、広告やPRを活用したイメージアップ戦略であり、トータルなコミュニケーション活動のことである。これらが多くの日本企業におけるブランディングの認識であり、ブランディングは事業戦略の一部である「マーケティング」の延長線上の「施策」と位置付けられているからです。

図 P-5　二つのブランディング

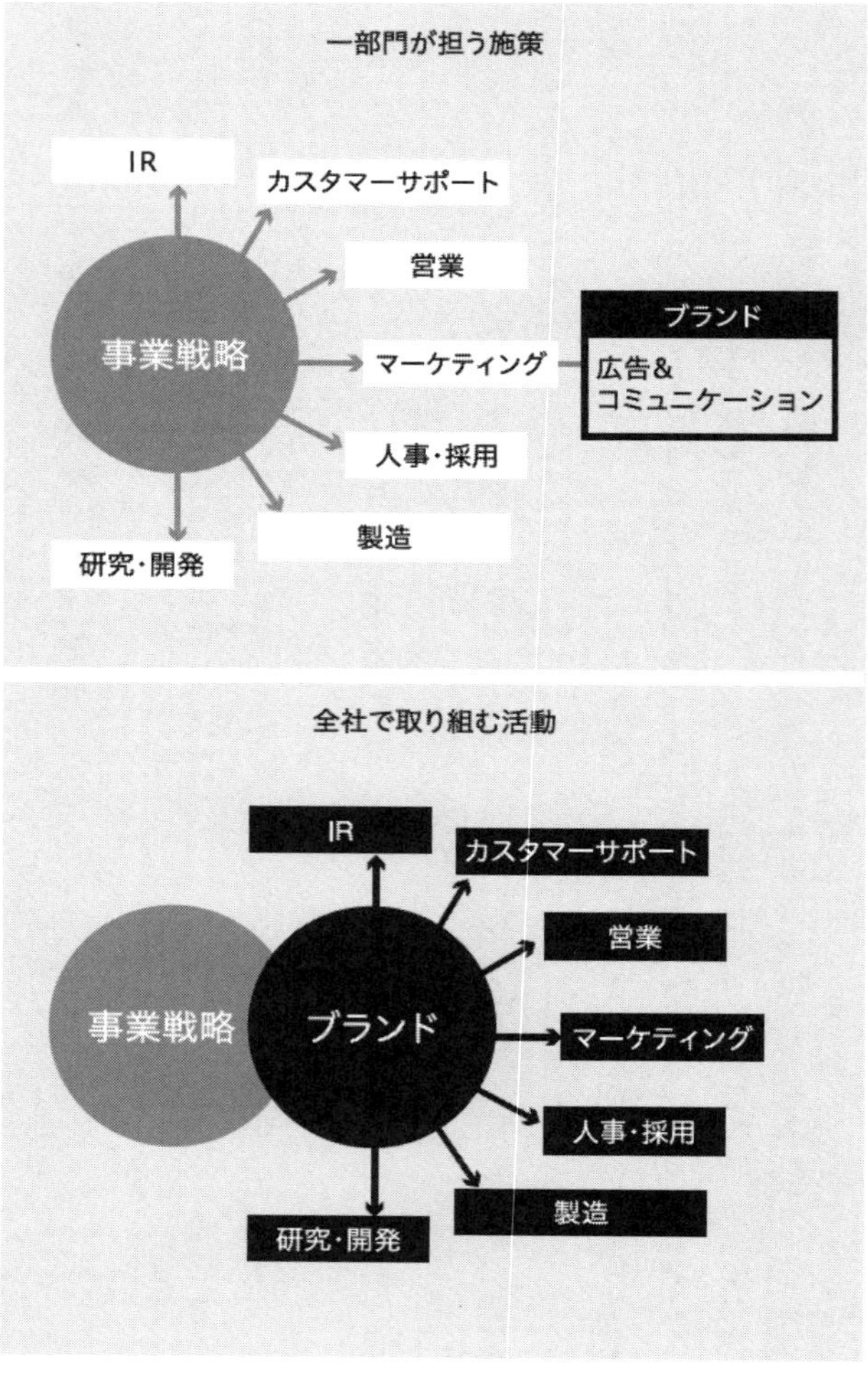

その認識に立てば、必然的に、広告・宣伝、コミュニケーション関連の部門がブランディングの担い手となります。実際、「ブランド」を冠した部署名の部門の多くが、コミュニケーション関連部門に設置されているケースが多いことがその証左でしょう。

しかし、ブランディングに対するこの認識は、決してグローバルスタンダードとはいえません。では、グローバルのリーディングブランドは、ブランディングを企業活動のどの部分に位置付けているのでしょうか。端的に言えば、ブランドは事業戦略と一体の関係として位置付けられています（図P－5）。ブランドが組織全体の活動をドライブするという考え方です。ブランディングの対象がコーポレートブランドであれば、人事・採用、研究開発、商品開発、製造、営業、広報・IRなどすべての活動の起点にブランドが位置付けられることになります。

ブランディングは組織全体で推進していく活動であり、それをリードする役割は経営者が担います。また実務的にブランディングを推進する部署は、コーポレートのブランディングであれば、コミュニケーション部門ではなく、経営企画部門が担うことが自然です。

筆者は、新たにクライアントとブランディングをテーマとした議論に入る際には、まず当事者が語られるブランディングの位置付け（定義）を確認するように努めています。なぜならば、関係する当事者間でこの言葉の定義が曖昧なままスタートするプロジェクトは、まずうまくいかないからです。

例えば、ブランディングプロジェクトを起案する担当者が、「全体戦略」としてのブランディングを構想し、企画を立案して経営者に上申するケースにおいて、その会社の経営者の頭の中にあるブランディングが「広告コミュニケーション」であったらどうなるでしょうか。企画書上に記載されている言葉は「ブランディング」で、その担当者も経営者も口に出す言葉は同じ「ブランディング」なのですが、それぞれが思い描く姿が全く異なっているわけです。そのようなプロジェクトは、確実に途中でストップしてしまうことは容易に想像できると思います。

実際にインターブランドが担当する案件の中には、ブランディング会社が担当するプロジェクトでありながら、無用の誤解を避けるために、「ブランディング」という用語を使用しないことを決めて進めるプロジェクトも存在するぐらいです。残念ながら、このような不幸な事例は、枚挙にいとまがないのが現実なのです。

なぜ、日本ではブランディングに対してグローバルスタンダードとは異なるいびつな認識が定着しているのでしょうか。その理由の一つは、日本企業におけるブランディングが広告代理店主導で導入されたケースが多かったため、というのが筆者の肌感覚です。１９９０年代後半から２０００年代前半にかけて「広告が効かない」と言われはじめた時代に、ブランディングという言葉は、従来の広告キャンペーンに代わる打ち手として、もっと言えば目新しく見せる手段として、ある種のブームのように活用されました。広告代理店が主導するのであれば、企業のブランディングを担当するのがコミュニケーション部門であることは必然であり、そのアウトプットが広告コミュニケーションを中心にした活動になるのも自明の理です。しかし広告コミュニケーションは、多岐にわたるブランディング活動の要素の一つに過ぎず、また必須の要素でもありません。

読者の頭の中にあるブランディングに対するこのいびつなイメージをアップデートし、ブランディングは組織全体で推進していく活動であるという前提に立てば、ブランディングの必然性はより容易に飲み込め、以後の話はスムーズにご理解いただけることと思います。

筆者は、クライアントから、新しくブランドをマネジメントする部門を立ち上げるので、その新部門の名称はどうしたらよいか、例えば「ブランドマネジメント部」がよいか、それとも「ブランド推進部」のような名称がよいだろうかというお問い合わせをいただくことがあります。その問いに対しては、筆者は迷わず「ブランド」を冠する部門名にしないことを推奨しています。その理由は、「ブランド」という言葉を冠した部門ができることで、他の部署に所属する社員に対して、ブランディングはそのブランドを冠した特定部門が推進するものだという間違ったメッセージを発することにつながるリスクを感じるからです。ブランディングを担うのは全社員の一人ひとりであるべきなのです。

「ブランド」と「ブランディング」

読者がブランディングに抱く先入観を払拭するために、ここで、本書で取り扱う「ブランド」と「ブランディング」という言葉を、改めて定義しておきたいと思います。先にも述べた通り、企業・団体がビジネスを成功に導くための一つの鍵は、組織が有する技術力、サービスや商品力だけでなく、それらを通じて、いかにブランドの価値を構築できるかにかかっています。「ブランディング＝広告・宣伝活動」ではなく、ブランドの提供価値やその活動の重要性を組織全体が理解した上で、組織が一体となって活動していくことが、強いブランドを確立する要諦であり、中長期的なビジネス成長をもたらすものとなります。
インターブランドは、ブランドを以下のように定義しています。

"A brand is defined as a living business asset, brought to life across all touchpoints which, if properly managed, creates identification, differentiation and value."

ブランドとは"Living business asset"、つまり「常に変化するビジネスの資産」と定義されます。ブランドは、あらゆる企業活動を通して生み出され、適切にマネジメントされれば、識別性（identification）と差別性（differentiation）と価値（value）を創出するものです。

例えば、目の前に2種類のコーヒーがあるとします。いずれも最高級のアラビカ豆を使用し、味も香りも互角で、両者の違いは、「ブランド」になっているか、いないかです。あなたは、この場合どちらになら高いお金を払ってもいいと思われますか（図P－6）。普通なら、確立されたブランドに対してなら、高いお金を払ってもよいと思われるのではないでし

図 P-6　どちらになら、高いお金を払ってもいいですか？

最高級豆使用
非常に良い香り
Non-branded

最高級豆使用
非常に良い香り
Branded

確立されたブランド ＝ 価格プレミアム

ょうか。確立されたブランドは価格プレミアムを享受することができ、適切にマネジメントされる限り、将来にわたって、この価格プレミアムは維持されるでしょう。この「ブランドによる価格プレミアム」の価値こそがブランド価値に他なりません。

「ブランディング」は、あらゆるビジネス活動をマネジメントすることで、常に変化するビジネスの資産であるブランド価値を最大化することを目指す活動であり、その肝は、顧客の頭の中にある「識別」を、意図した方向に導き、「ごひいき」といった付加価値を生み出すべく、すべてのビジネスプロセスを丁寧にマネジメントしていくことにあります。

図 P-7　ブランドは社員と顧客に影響を与え、経済的な価値を産む

ブランディングは、ロゴマークの配置の仕方を規定することでも、広告で一時的なイメージをつくることでも、トータルのコミュニケーション戦略でもありません。ブランディングの対象がコーポレートブランドであれば、人事・採用、研究開発、商品開発、製造、営業、広報・ＩＲ等といった、すべてのビジネス活動を総動員して、顧客の意思決定に影響を与えることで、資産としてのブランドの価値を最大化させることが、ブランディングの本質です。

よくブランドが強くなると、どんないいことがあるのか？　またブランディングがもたらすものは何か？　というお問い合わせをいただきます。その問いに対して、「すべてのビジネス活動を総動員」して行うブランディングを、図Ｐ－７のようなプロセスで説明しています。

強いブランドは、まず社内（社員）に働きかけ、優れた人材を惹きつけ（Attract）、その人材を引き留め（Retain）、その人材のモチベーションを高めます（Motivate）。それを反映した社員が実践する業務活動を通して、顧客に適切に価値を伝達することができれば、顧客から選んでいただき（Choice）、高く買っていただき（Premium）、買い続けていただく（Loyalty）ことにつながり、最終的に経済的な価値を生み出します。

本書では、資産としてのブランドの価値を最大化させ、ビジネスの持続的な成長を実現させる活動であるブランディングにフォーカスし、ビジネスの現場で有用となる実務的な解説を展開します。

3 ボトムアップで取り組むブランディング

ブランディングへの関与が低い日本の経営者

先に述べた通り、ブランディングは、事業戦略とブランドが一体の関係として位置付けられ、ブランドが組織全体の活動をドライブするものです。従ってプロジェクトのリーダーは、本来、対象がコーポレートブランドであれば企業経営者であるべきものです。経営者自らが先頭に立ち、プロジェクトのオーナーとして旗を振るのが理想的な姿です。

しかし、これまで多くの日本企業のブランディングプロジェクトの立案とその実行に関わってきた筆者が目にしてきた現実は、残念ながら、そうはなっていません。

筆者がこれまで関わってきたプロジェクトの多くは、課題意識の高い現場の担当者が、ブランディングの必要性について深く理解され、粘り強く、周囲や上長、経営幹部を説得し、なんとか予算化にこぎつけ、ようやくスタートするというもので占められます。

図P―8は、「ブランディング上の課題として最も重要と考えるものは何か」について、インターブランドジャパンが主催するセミナー参加各企業のブランド関係部門の担当者を対象に、2016年と2019年に行ったアンケート調査の結果です。

アンケートの対象がセミナーに参加される担当者であり、ブランディングを検討中、もしくはこれから検討に着手するというステータスの企業であるにも関わらず、「経営層へのブランドに対する理解促進」が、この間も、変化なく課題全体の第2位に挙げられており、経営層のブランディングへの関与の低さは、看過できない状況が続いています。

では、なぜこのような状況になっているのでしょうか。日本の経営者層のブランディング

図 P-8　ブランディングへの関与が低い日本の経営層

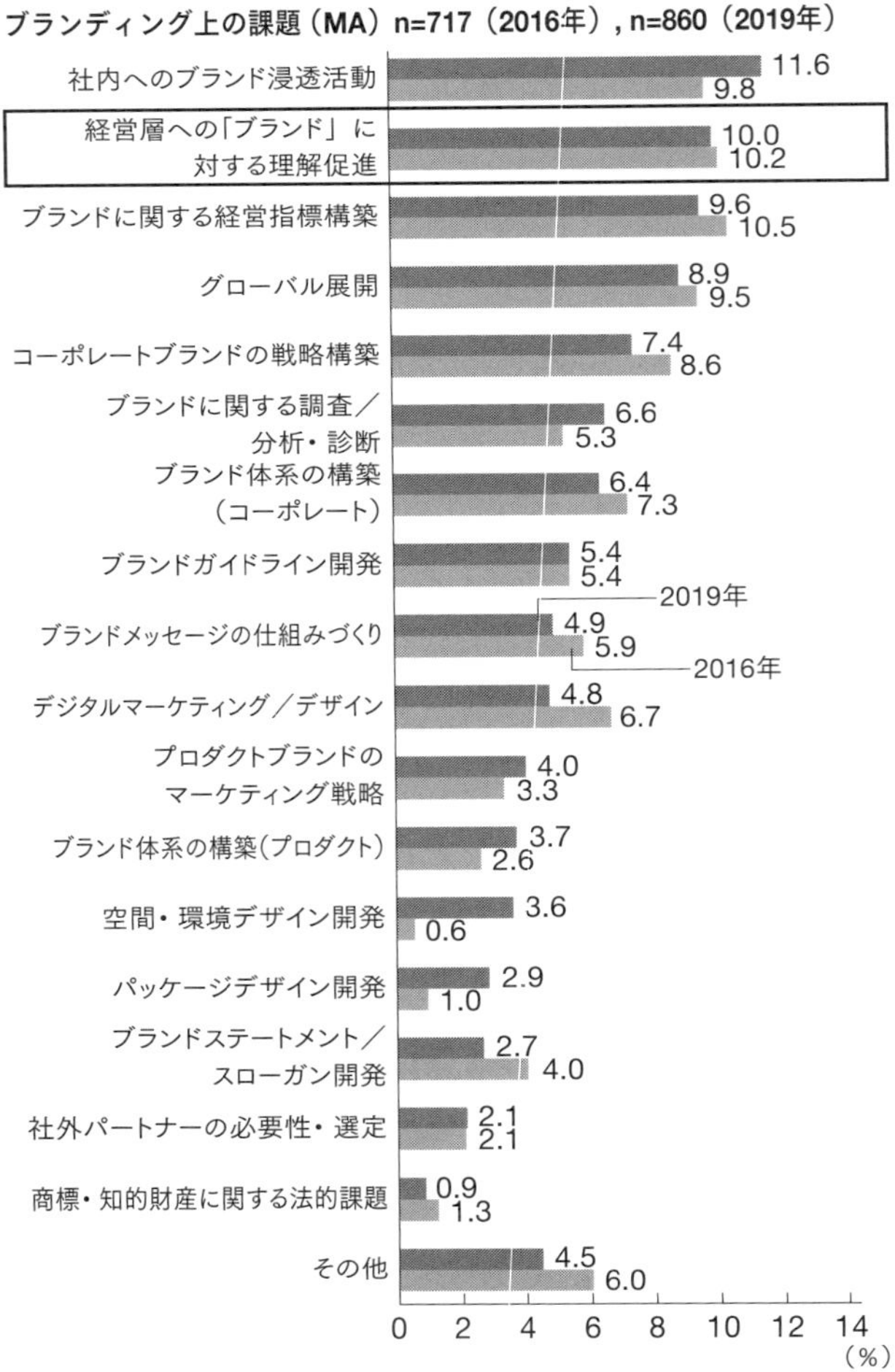

出典：インターブランドジャパン顧客調査

への関与の低さには、以下のような要因があるのではないかと考えられます。

①「ブランディング」そのものに対する誤認識という要因

先に述べた通り、経営者がブランディングは広告コミュニケーションのことだと思い込んでいるケースです。この認識に立つと、確かに消費者向けに広告活動を実施していないB to B企業の経営者であれば、それは必要なものには映りません。「資産としてのブランドの価値を最大化させ、ビジネスの持続的な成長を実現させる活動」であるという認識が得られれば、そのことを不必要と考える経営者はいなくなるでしょう。

②人口増加時代の成功体験がベースのビジネスモデルから抜け出せないという要因

「バブルの崩壊」後、我が国が官民を挙げて大合唱してきた「モノづくり」という言葉に代表されるプロダクトアウトの思考、つまり「いいものをつくっていれば顧客はついてくる」という考え方を持つ経営者が多いという現実が存在します。3K（労働環境が「きつい」「汚い」「危険」であることを意味する）という表現に象徴される製造業へのネガティブな印象を払拭し、製造業をより高度で精神性の高い「技術活動」としてポジティブに捉える言葉として「モノづくり」という表現が使われるようになったのがこの30年です。

そこで展開されてきた「いいものをより安く」というビジネスモデルは、高付加価値化を追求するブランディングとは真逆の発想が経営を支配しているともいえます。

人口が増加する時代であれば「いいものをより安く」つくり、一定のシェアを確保していれば、成長が期待できるというのは先に述べた通りです。一定以上の品質の商品を低価格で供給するビジネスモデルをその提供価値とするブランドを別として、誤解を恐れずに言うならば、「いいものを安く」という経営は、優秀な労働者さえいれば、どんな経営者でもできる経営戦略です。人口の減少、IoTの急速な発展を背景に、パラダイムシフトが求められるこの局面において、もしも自身の任期という次元の短期的な収益のみを追求されている経営者がいるのであれば、そのような方には、即刻ご退任いただかなければなりません。

ボトムアップで起動するブランディング

本来、経営課題の最上位項目として取り組むべきテーマである「ブランディング」が、経営者主導で推進されるケースは、我が国においてはいまだ多くはありません。大げさに言えば、ごく一部の経営者を除けば、経営者が旗を振るブランディングは現在の日本においては、残念ながら「幻想」とすら言ってもよい状況です。

人口減少社会から求められる生産性向上策の一つであるビジネスの高付加価値化、つまり「いかにして高く買ってもらえるか」を追求することが、ブランディングが成し得る成果であり、所属する組織や社会、さらには日本の豊かな未来を実現する方策の一つです。

しかしながら、「先進国中最低ランクの生産性」の向上という中長期的な課題に正面から向き合うことをせず、官民を挙げての安価な外国人労働力の拡充に邁進する政策の推進など、いまだ人口増加時代の「過当競争モデル」に傾注する国の姿も、我が国の未来に対して無責任にすら映ります。

もはや、私たち一人ひとりが、国や経営者に頼ることなく、パラダイムシフトする社会・経済に対峙して、自身が属する組織や社会の未来を切り開いていかなければなりません。

志を持つ者が、ブランディングを「ボトムアップ」で起動させ、ビジネスの高付加価値化を実現する道筋を描く。それが、豊かな未来を実現させていく現実的な方法の一つではないかと考えます。

本書の読者が、経営者であれば、今すぐにブランディングを実行に移していただけるように、実務の担当者であれば、ブランディングをプロジェクトとして経営者の理解を得ることができるように。本書では特にボトムアップでブランディングを推進していく際に、必要となる点についても考慮した解説を進めていきます。

第1章

ブランディングの理解

1 ブランディング理解のための多面的な視点

序章では、「ブランディング＝広告・宣伝活動」ではなく、「すべてのビジネス活動を総動員して、資産としてのブランドの価値を最大化させることがブランディングの本質である」という話をしました。その理解に立つと、ブランディングプロジェクトは、全社・組織を巻き込む活動に他なりません。ブランディングプロジェクトに着手する場合、守備範囲が広すぎて実際に何から手を付ければいいのか、戸惑ってしまう方も少なくないでしょう。

ブランディングプロジェクトを実施する場合、最初のステップとして欠かせないのが、その対象となる自社ブランドの正確な認識です。そのためには、時代によって進化し続けるブランディングの今を把握し、そのうえで自社のブランドを多面的な視点で全方位的に見直すことが必要です。ブランディングの失敗事例の多くが、この部分をおざなりにし、企業にとって都合のいい願望、正確に言えば思い込みや妄想でブランディングを実施してしまうことにあります。これは「いいものをつくっていれば顧客はついてくる」というプロダクトアウトの発想となんら変わることがありません。

ボトムアップでブランディングを起案し、実施に至ったものの、過去の成功体験から抜け出せないトップを説得しきれず、中途半端なかたちでブランディングを実施してしまうケースは少なくありません。目の前にプロジェクトの起案が迫っている読者にとっては少し遠回りに感じるかもしれませんが、この部分をしっかり押さえておくことが、プロジェクトを適切な方向に導くことに大きく貢献するはずです。

2　歴史的な変遷を経て進化するブランディング

識別記号からブランドへ

「ブランド」という言葉の語源は、“Brandr”といわれています。古期スカンジナビア語で「焼き付ける」を意味する言葉で、他人の「牛」と識別するために所有者の名前を焼印したことがその語源とされています。もともとは識別するための記号であったものに、品質や評判などの「見えない価値」が集積され、情報化されたものが、ブランドの起源と考えられます。

この世に存在するいずれのブランドも、最初はすべてそのネーミングから始まります。そ

図 1-1　ネーミングからブランドへ

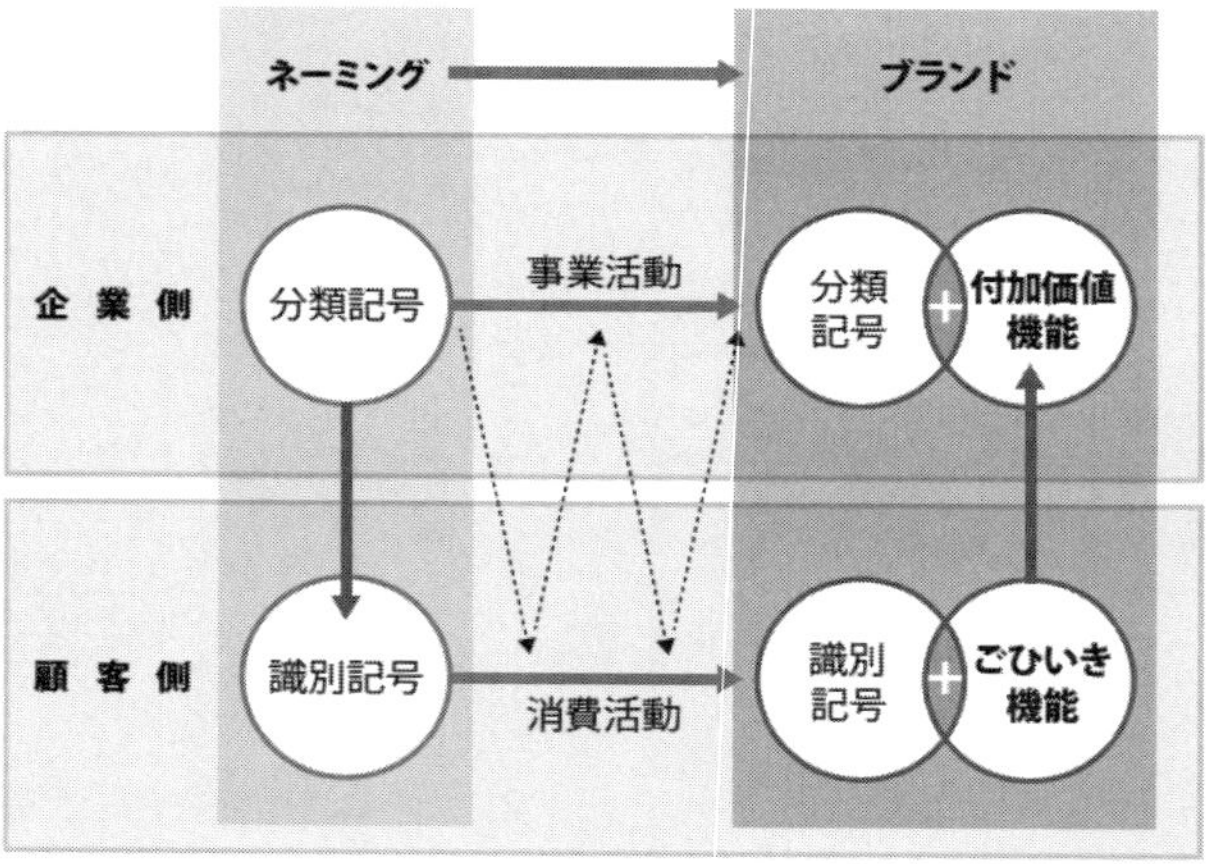

のスタート時点では、企業側においては「分類記号」であり、顧客にとっては「識別記号」でしかありません。さまざまなマーケティング活動（企業側における事業活動と顧客側の消費活動）を経て、その「識別記号」に「ごひいき」などの付加価値が付与された時、そのネーミングはブランドに変わり、顧客の頭の中にその付加価値とともに「焼き付け」られます（図1－1）。

「見えない価値」を情報化することを起源として生まれたブランドは、歴史的な変遷の中で成長を遂げています。ブランドの持つ意味やブランディングの対象となるテーマは、時代に応じて変化していることを理解しておかなければなりません。

ブランディングの進化の変遷

図1－2は、およそこの30年の間における、ブランディングの進化の変遷です。ブランディングは、取り巻く市場環境とともに常に変化し、ブランドの持つ意味やブランディングの対象とするテーマも進化し続けています。

図 1-2　ブランディングの進化の変遷

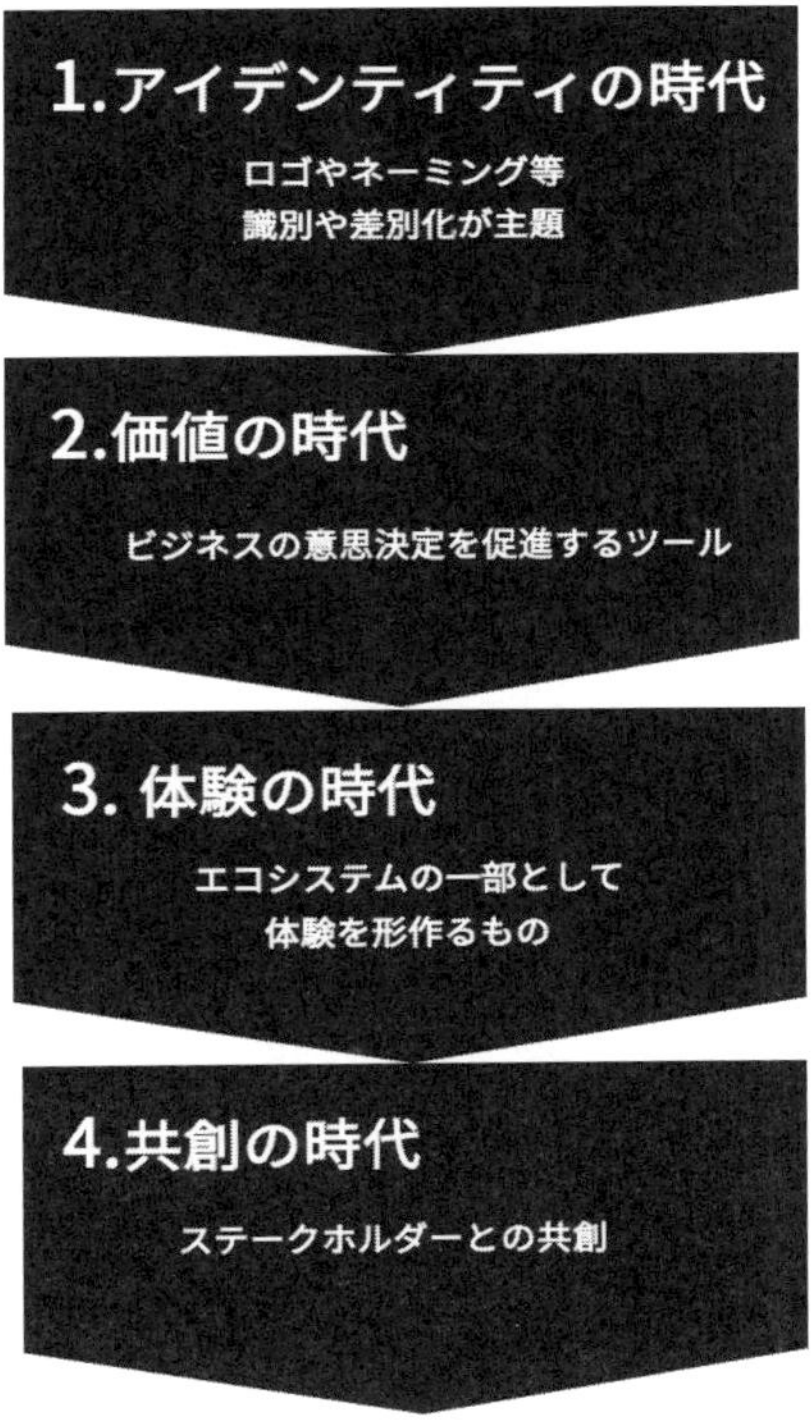
1.アイデンティティの時代
ロゴやネーミング等
識別や差別化が主題
2.価値の時代
ビジネスの意思決定を促進するツール
3. 体験の時代
エコシステムの一部として
体験を形作るもの
4.共創の時代
ステークホルダーとの共創

第1のフェーズが、ロゴやネーミング等による識別や差別化が主題となる「アイデンティティの時代」。ここでは、提供するものを特定し、差別化を図ることが中心的なテーマとなります。

それに続く第2のフェーズが、ブランドのスタイルやトーン&マナーによる表現のクオリティを重視することで、ビジネスや購買の意思決定を促進する「価値の時代」。ブランド価値という捉え方でブランドの定量化がテーマ化されたのもこの時代です。

そして、第3のフェーズが、顧客をはじめとするすべてのステークホルダーとの接点を重視する「体験の時代」。ブランディングが、エコシステムの一部として、顧客と高度につながり、経験を形づくることがテーマとなりました。ブランディングにとって重要なのは、ネーミングやロゴデザインといったアイデンティティ以上に、「ブランド体験」だといわれるようになった時代です。ブランドホルダーから顧客へのワンウェイだったコミュニケーションも、「双方向性」が強く意識されるように変化してきました。

そして今、ブランドは、さらに進化しています。もはやブランドホルダーは企業のみではありません。顧客を含めたすべてのステークホルダーとの共創によって、ブランディングが成り立つ時代、それが第4のフェーズ、「共創の時代」です。

デジタルコミュニケーションの発展に伴い、私たちが日々受け取る情報量は30年前と比べ5倍にもなっており、テクノロジーは、私たちと私たちを取り巻く世界の関係を大きく変えています。顧客のブランドへの期待もめまぐるしく変化し、彼らの注目を集め続けることはより困難になっています。世界は顧客の期待の移り変わりに合わせて進化し続けており、ブランドはテクノロジーの力を借りて、これらの期待に様々な新しい方法で対応しようとしています。

「共創の時代」をよりシビアな表現に置き換えると、もはや「企業主導のブランディングは成立しない時代」ととらえることができます。

企業が自社チャネルやメディアを活用したコミュニケーションを駆使してブランディングを行っても、それはSNSや評価サイトにおいての低評価によって、一気に砕け散ってしまうことすらあります。その認識に立たず、10年前の成功事例をなぞるようなブランディングを行っても、期待通りの成果は得られないでしょう。コミュニケーション部門が主導するブランディングは、往々にしてこの罠に陥りがちです。

繰り返しになりますが、ゆえにブランディングは全社活動であるべきなのです。あらゆるタッチポイントが、ブランドが目指す姿に向けて共通のメッセージを発することで、信頼が芽生え、顧客との間にその信頼に立脚したコミュニケーションが交わされることでブランドは共創されます。例えば、販売の第一線を担う社員が「ブランディングはコミュニケーション部門の仕事であり自分には関係がない」と考え、ブランディングの趣旨から外れた接客を行えば、ブランドはそこから崩壊してしまうのです。

3 企業の視点

ステークホルダーと交わす「約束」

かつては、ブランドホルダーとは企業のことでしたが、前述の通り「共創の時代」においては顧客もブランドホルダーに他なりません。

「ブランド」は、その主語が誰であるか、またその対象が何なのかなど、その言葉を使用する局面において、意味合いが異なる面を持つ言葉です。どの視点で捉えるかで、その持つ意味は大きく異なり、当然その価値を高める活動であるブランディングの内容自体も違ってきます。したがって、それぞれの視点でブランドを整理し、理解した上で、目の前にあるブランドとブランディングについて、検討すべき論点がどこにあるのかを適切に捉えることが必要となります。

ではまず、企業側の視点からブランドとブランディングをどのように捉えておくべきでしょうか。

ブランドとは、企業が顧客や従業員などのステークホルダーと交わす「約束」です。企業が存続するために、ステークホルダーに対して何を約束するのか？　言い換えると、どんな約束に対してお金を払ってもらえるのか？　です。それこそが、ステークホルダーにとって企業が存在する理由に他なりません。

では、その約束の根拠はどこにあるのでしょう。多くの場合、それは企業理念の中に見いだせます。企業理念は企業が企業として存在する理由であり、Purpose（企業の目標）は社会に対する会社の存在意義です。Purposeを「約束」としてBenefit（便益）に、Benefitを顧客に対する約束として翻訳する、そして顧客とのすべての接点で事業活動の実態として実現することで、顧客にとっての存在意義につながります。つまり、ブランドが事業の実態として具現化され、ブランドに対する期待が醸成されることで、ブランドは顧客の行動を変容させることが可能となります。

ブランドの「約束」を設定することは、企業にとっての北極星を言語化するようなものです。なぜその企業が市場に存在する意味があるのかを、ステークホルダーの視点で明確にすることが必要です。

ステークホルダーは、顧客とは限りません。社員も重要なステークホルダーであり、ブランドの約束は、社員の意思を一つに束ねるためにも有効です。例えば、「自社の海外展開が進んだことにより、これまでのように社内で〝阿吽の呼吸〟を期待できなくなった」「労働力の流動化が進んだことにより、〝暗黙知の継承〟が難しくなった」「事業環境の変化が激しくなったことにより、これまでの常識が通用しにくくなってきた」「新入社員は、ブランドへの愛着が低い状態で入ってくるため、離職率が上がることを懸念している」など、企業がブランドの「約束」を設定する必要に迫られる例は、枚挙にいとまがありません。

常に変化する事業資産

企業が定める約束をステークホルダーに伝えるためには、必須となる二つの要点があります。一つは、ブランディングの核となる概念の設定です。概念は、具体像が想像できワクワクする言語化されたものであるべきですが、この点については第3章で解説します。そし

図1-3　クアドラントモデル

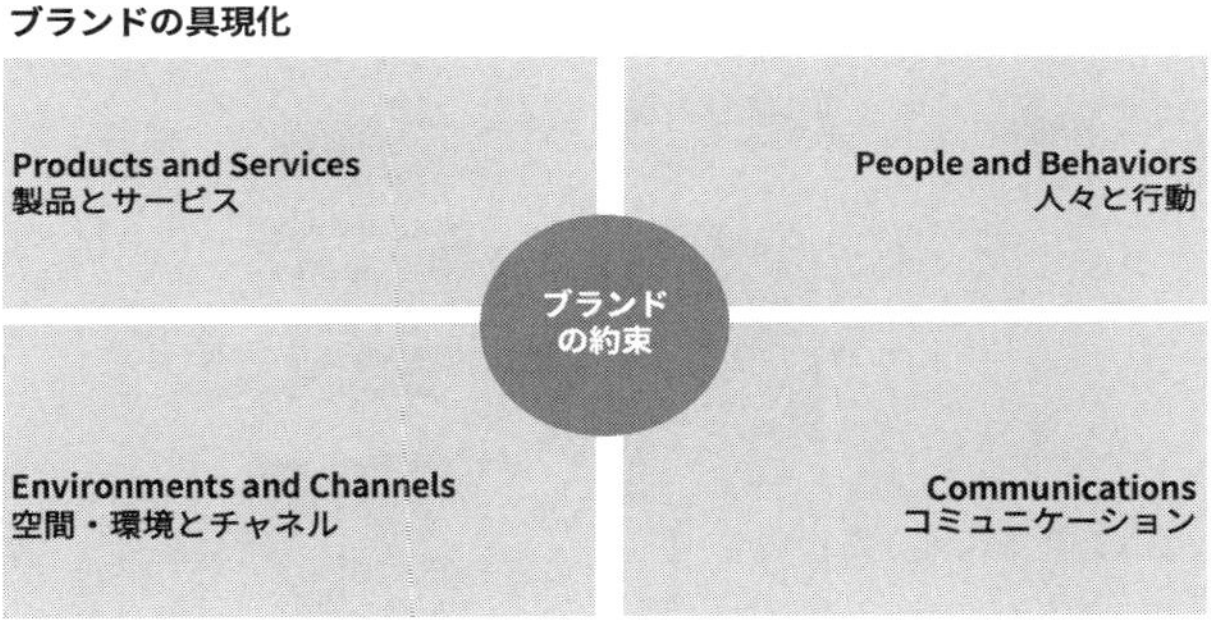

て、もう一つの要点は、約束をステークホルダーとのすべての接点で事業活動として実態化することです。その二つが揃うことで初めて、企業活動における競争戦略の具現化を成すことができます。インターブランドでは、その概念をクアドラントモデルというツールを使い簡略化して説明をしています（図1－3）。

〈人々と行動〉
ブランドの約束を実現するために、グループ社員にどう伝え、行動・振る舞いを促していくか

〈製品とサービス〉
ブランドの約束を実現するために、事業・製品・サービスはどうあるべきか

図 1-4　全社で取り組むブランディング

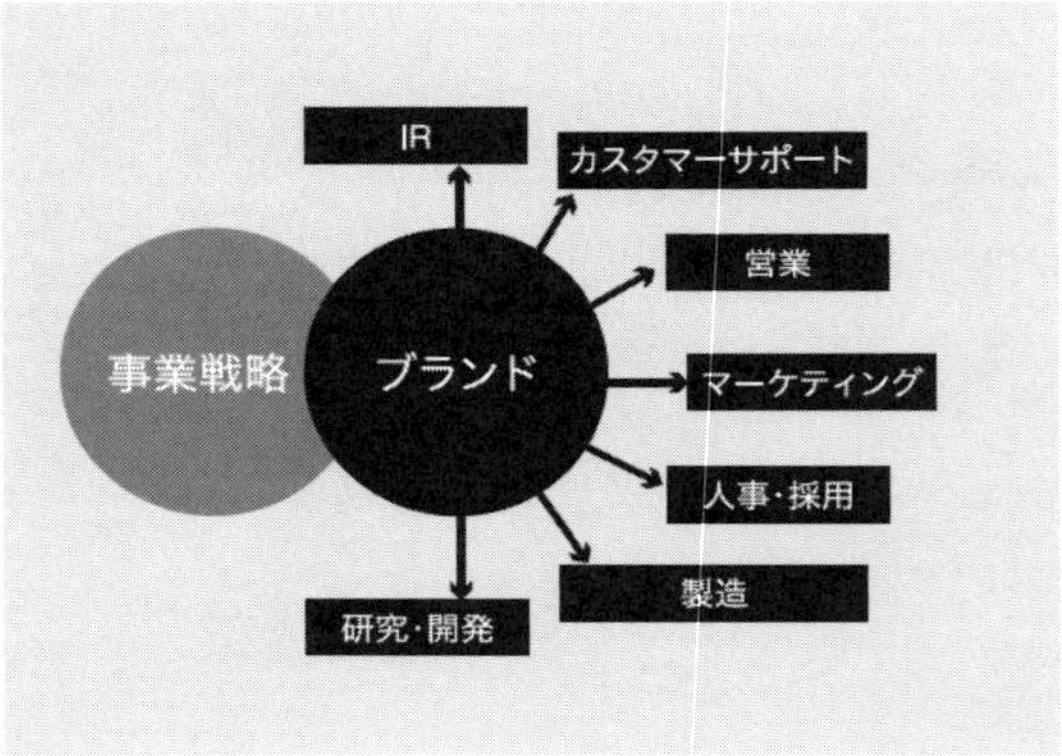

〈空間・環境とチャネル〉

ブランドの約束を実現するために、施設や店舗などの環境・雰囲気や、見せ方は、どうあるべきか

〈コミュニケーション〉

ブランドの約束を実現するために、どのようなメッセージ・手段で、伝えていくべきか

序章でも説明した通り、ブランドの構築は、マーケティング活動のみならず、全社組織を動かす活動です（図1―4）。

企業の事業活動の実態と顧客の期待が評判として、つまりブランドの情緒的なイメージとして知覚された結果として、行動変容が引き起こされます。そして、それは事業資産となり蓄積されることになります。

4　顧客の視点

次に、顧客の視点から考えた場合、ブランドはどのような存在でしょうか。端的に言えば、顧客の頭の中に確立される確固たる評判（存在感）と言うことができます。逆の立場である企業側の言葉で表現するならば、ブランドを創ること、つまりブランディングは、顧客の頭の中に、「評判」というハンコを押すようなものと言うことができます。

このことを、かつてコカ・コーラ社の役員が発したコメントが雄弁に語っています。

「もし、コカ・コーラが災害ですべての生産設備を失っても、会社は生き残る。しかし、すべての顧客が記憶を失い、コカ・コーラに関するすべてを忘れてしまえば、会社は倒産する。」

製品は工場に、商品はお店にあり、ブランドは顧客の頭の中に存在するのです。

前節では、企業の視点から、すべての接点で、事業活動を通じて具現化することが必要であることをクアドラントモデルで説明しましたが、顧客の視点からは、図1－5の下のような絵で説明することができます。ブランドが発信する様々な活動、つまり商品やサービス、接客や空間などで接触する体験を通して、頭の中に情緒的なイメージが知覚され、「評判」が形成、蓄積されていくのです。

Appleを創業した故スティーブ・ジョブズ氏が、ブランドについて語ったコメントが、その重要性を雄弁に表しています。

「私にとっては、ブランドはシンプルなこと、信頼です。あなたに対する顧客の信頼です。顧客は良い経験をすると、口座にお金を入れ、悪い経験をするとお金を引き出します。」

図1-5　ブランドはすべて接点を通じて、顧客の頭の中に形成される

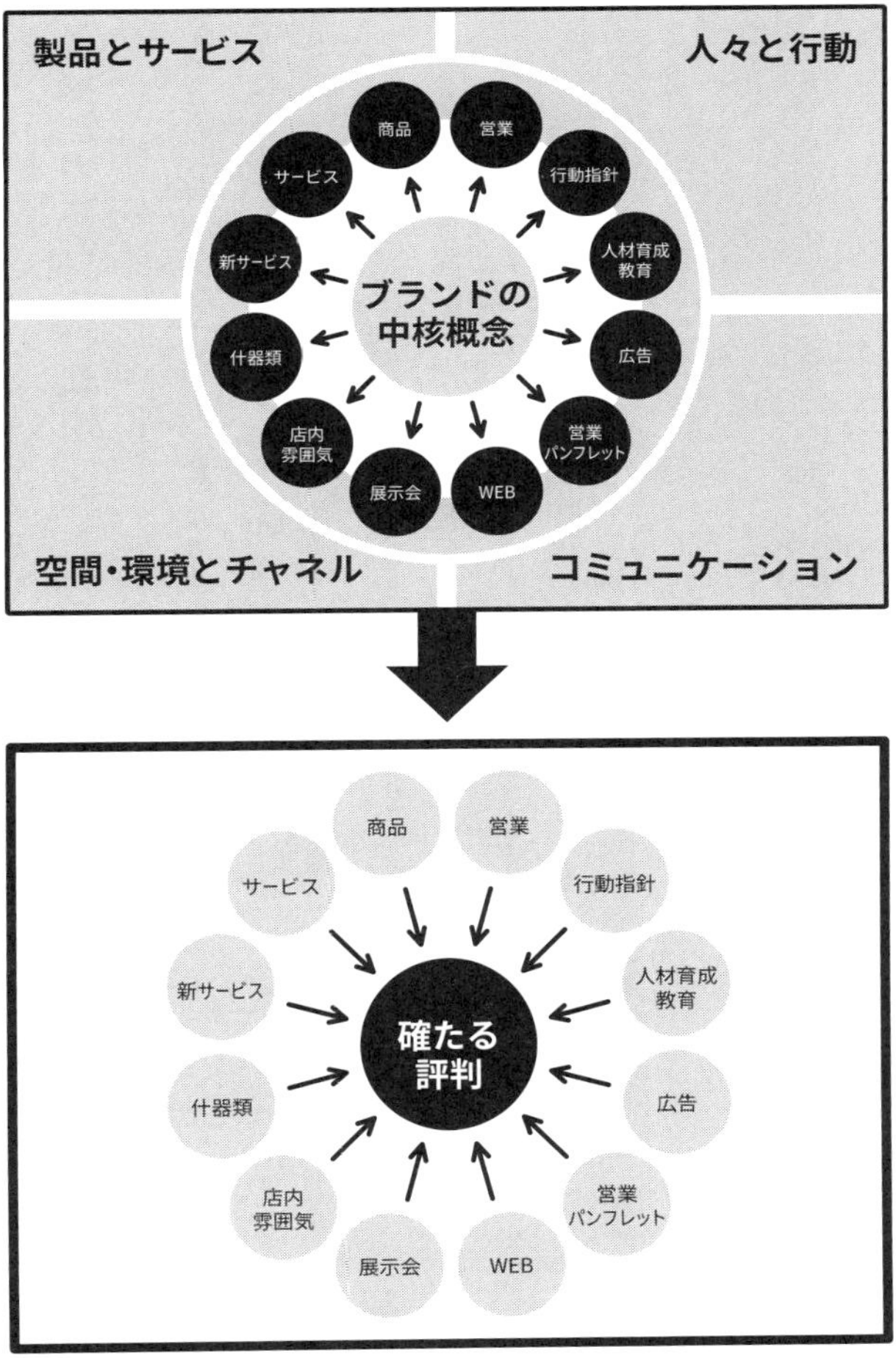

5 合理性の感性への転換

情緒的なつながりをつくることの重要性

ここで、英国の研究機関ＩＰＡが発表した興味深い研究レポート「Effectiveness in the digital era」の一部をご紹介しましょう（図１―６）。

レポートによると、機能訴求型の広告プロモーションなどの、「合理的なメッセージング」によるコミュニケーション活動は、短期的な売上に貢献をしても、ブランドに附帯する評価には影響を与えないことが明らかにされています。つまり、長期的な売上の伸びは期待できず、価格感受性が高まり、価格競争に陥りやすくなるのです。その一方で、ブランドがより強く成長することで「情緒的な呼び水」ともいえる効果が出始めると、長期的な取引量は増加していき、また価格感受性は減少するため、価格競争に陥りにくくなるということです。

つまり、このレポートは「合理性の感性への転換」が、本質的にブランドが果たす役割の一つであることを示唆しています。

図1-6　情緒的なつながりをつくることの重要性

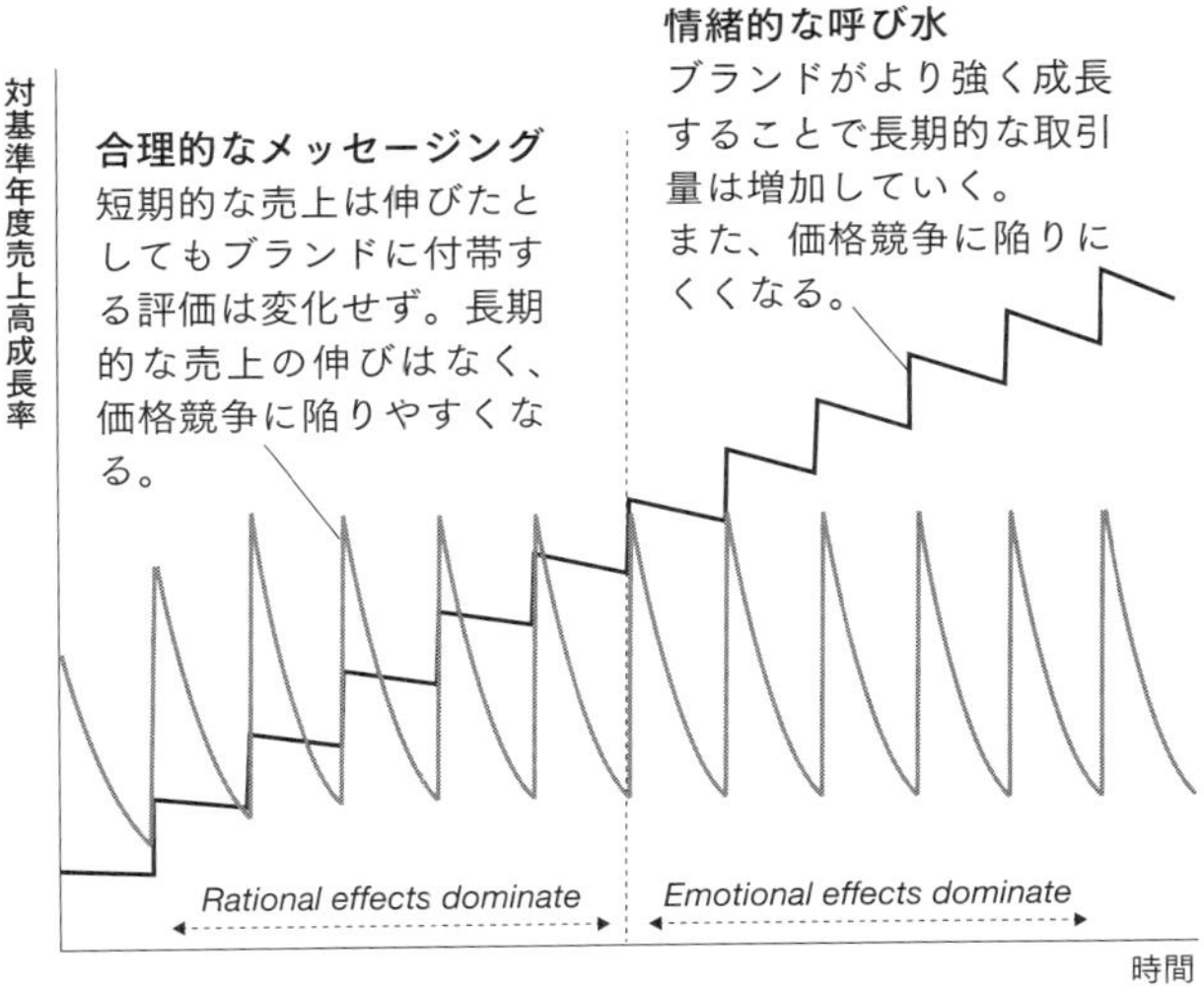
対基準年度売上高成長率
合理的なメッセージング
短期的な売上は伸びたとしてもブランドに付帯する評価は変化せず。長期的な売上の伸びはなく、価格競争に陥りやすくなる。
情緒的な呼び水
ブランドがより強く成長することで長期的な取引量は増加していく。
また、価格競争に陥りにくくなる。
Rational effects dominate
Emotional effects dominate
時間

［出所］ Effectiveness in the digital era, Binet & Field, IPA

合理的な意思決定と情緒的な意思決定

かつて、人々の意思決定までのプロセスは直線的なものであると考えられてきました。その考え方を前提として、優位性を確立する競争では機能訴求による合理的な意思決定への影響が重要と考えられてきました。旧来型の広告コミュニケーションは、概ねこの前提に基づいて設計されています。しかし、デジタル技術の進展によって、CRM（顧客関係管理）が容易になった今、実際の人々の意思決定までの道のりは、多くの体験を非直線的にくぐり抜けてきたものがベースとなっており、その活動は非常に太い感覚＝つまり情緒的なものとして、合理的な理由づけよりも深く人々の中に残ることにつながっていることが明らかになっています（図1－7）。

ここからも、「合理性の感性への転換」が、本質的にブランドが果たす役割の一つである

図 1-7　合理的な意思決定と情緒的な意思決定イメージ

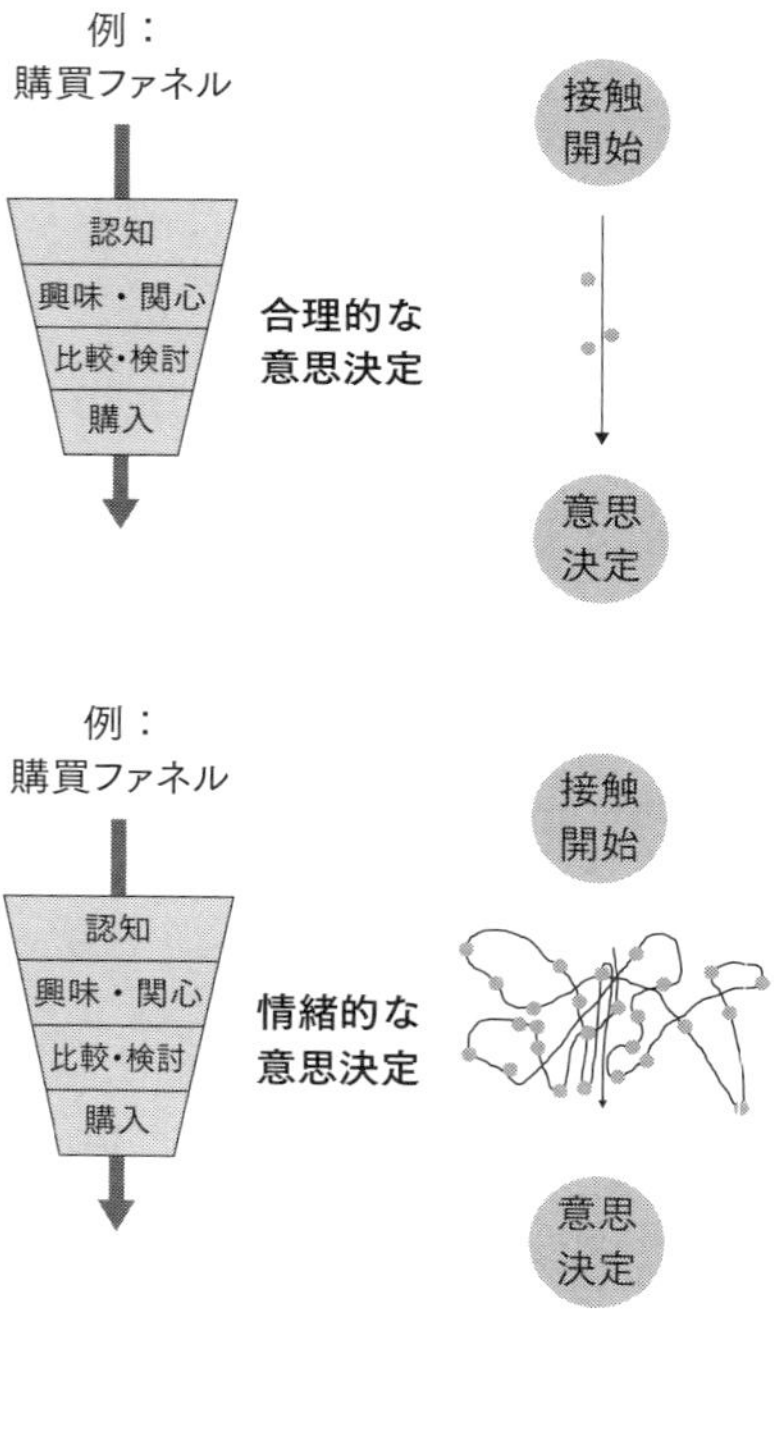

ことが読み取れるでしょう。

顧客の頭の中に、情緒的な知覚を形成するには一定の時間を要するため、継続的な活動が必要で、時には忍耐を伴う活動となるかもしれません。しかしひとたび顧客の中に情緒的な価値の知覚が形成されると、長期的な価値創出につながるストックとなるのが、ブランドなのです。

6 ブランディングの対象と共通認識の重要性

本質的なブランディングの対象

ここまで読み進めてきたことで、自社のブランディングに対する大きな方向性が見えてきたと感じる方がいらっしゃるかもしれません。しかし、そのまま考えを進める前に、いったん原点に立ち戻りましょう。その方向性は、果たして正しい道でしょうか。

ブランディングは美辞麗句で自社を飾る活動ではありません。ブランディングの対象は「実態も評判も含めたビジネスのすべて」です（図1－8）。

ビジネスが成功する可能性を高めるには、どのような評判をつくればよいか。顧客の頭の

図 1-8　ブランディングはビジネスと評判を「車の両輪」で回す活動

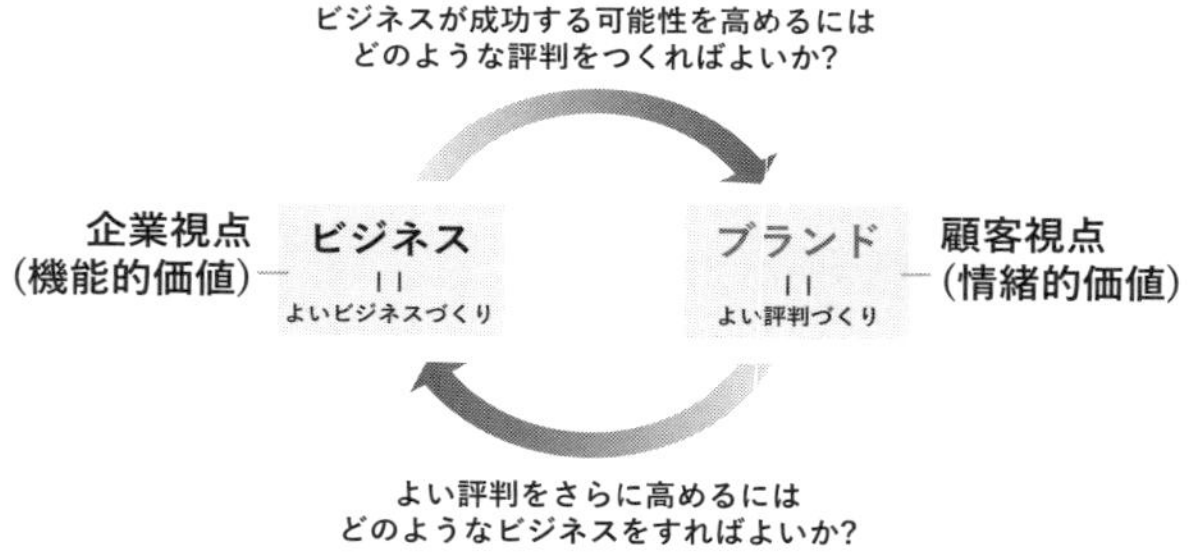

中に、情緒的な価値として良い評判が形成されることで、そのビジネスの成功する確率が高まります。その良い評判がブランドです。

では、その良い評判をさらに高めるためにはどのようなビジネスをすればよいか、ビジネスの増幅（ブランドを確立させる）活動とブランドの構築（ブランドの実態を構築する）活動と捉えることができ、この循環全体が、本質的な視点から見たブランディングの対象といえます。

対象とする「ブランド」の共通認識の重要性

先述の通り、「ブランド」は、その主語が誰であるか、またその対象が何なのかなど、その言葉を使用する局面において、意味合いが異なる面を持つ言葉です。

顧客をはじめとするステークホルダーの頭の中に、情緒的な知覚を形成していく活動であるブランディングは、一部門で実施し、短期的な結果を追い求める広告キャンペーンなどとは違い、関与するメンバーも要する時間も多く、一定の忍耐も求められるものとなります。それだけに、同じ組織に所属する当事者同士であっても、何気なく口に出す「ブランド」という言葉の対象が何を指しているのか、企業の視点で語っているのか、顧客の視点で論じている話なのかなど、その認識を揃えた上で議論を進めていくことが重要です。また、これから検討するブランディングプロジェクトにおいて、進化するブランディングの変遷の中で、対象とするブランドが、どのフェーズに位置しているのかについても、当事者間での共通の認識を持つことが極めて重要であることもいうまでもありません。

この部分が曖昧なまま、ブランディングプロジェクトを起案し、多くのメンバーを巻き込む中でそのゴールを見失うことのないように、少なくともコアとなる推進者間で、検討の対象とする「ブランド」についての共通認識をしっかり押さえておくことが、プロジェクトを適切な方向に導くために必須の要件となります。

第2章

ブランディングの設計

1 対象とするブランディングの目的と役割

プロジェクトの成否を分けるビジネス課題の明確化

ブランディングの実施に際しては、一定のコストが必要です。しかし、マーケティング予算の中で毎年予算化される広告費とは異なり、ブランディングの予算は、プロジェクトの起案とともに申請されるケースが大半でしょう。喫緊の案件であれば期中に特別の予算化措置が必要ですし、大きな案件であれば、次年度予算に組み込んでもらえるように会社を説得する必要が生じます。

筆者がこれまでに関わってきたブランディングプロジェクトの多くは、現場の担当者が、経営幹部を説得して予算化にこぎつけ、プロジェクト化されているということを序章で紹介しましたが、首尾よくプロジェクト化するところまで至らなかった、つまり予算化に失敗したケースも少なからず存在します。では、うまくいくケースといかないケースには、どんな差があるのでしょうか。筆者の経験から言うと、プロジェクト化の成否を分けるのは、ブランディングの設計が「ビジネス課題の解決」につながる活動になっているか否かにあると思います。

なぜなら、ブランディングの予算を承認する経営者の側から見れば、それは想定外の新規の投資案件となるため、当然のことながら、それに対する投資判断が求められるからです。

ボトムアップでプロジェクトを起案する場合、その活動が「ビジネスや経営の課題の解決」にミートしていない限り、経営者の承認をもらうことはできません。違う言い方をすれば、経営のテーマに刺さっていない限り、投資に対する決断は下されることはありません。

ビジネスの課題自体が明確に設定されておらず、それについての同意がない状況の中で、ブランディングの打ち手とその予算だけを申請しても、明快な判断を得ることは不可能です。こう言うと、当たり前のように思われるかもしれませんが、現実にはこの点が曖昧な状況の中で、ご相談をいただくケースが相当数存在します。

過去に実際にご相談いただいた案件から、典型的なケースを紹介しましょう。

その会社はグローバルに展開するＢtoＢ企業で、当初のご相談は、創立50周年を契機に、新たにコーポレートスローガンを開発したいという内容でした。

ご担当者にコーポレートスローガンを制定する目的を確認したところ、周年を契機に、同社のプレゼンスアップを目的としてコーポレートスローガンを軸にした（普段は行っていない）国内での企業広告キャンペーンの実施を検討しているという答えが返ってきました。企業広告を通して顧客の信頼を得て自社のプレゼンスの強化を図るとともに、そこで発信したメッセージを介して社員のモチベーションも高めていくという戦略を説明いただきました。

しかし、筆者はその話に釈然としませんでした。計画にはブランディングの打ち手は示されているものの、それが同社のどのようなビジネス課題の解決につながるのかが不明確だったからです。

そこで、あらためて同社のビジネス課題をよくよく確認してみると、売上構成の過半数を超え、同社の成長を牽引する海外事業部門の人材獲得をはじめとした社内の体制の立て直しがビジネスの喫緊の課題であり、経営者の課題意識もこの点にあることがわかってきました。プレゼンスの強化が急務なのは海外事業だったのです。そこで、海外のステークホルダーに対して同社の事業内容の正確な理解を向上させることを課題の核心としてプロジェクトの再設計を行うことになり、最終的に同社は、スローガン開発と国内での企業広告キャンペ

図2-1　ビジネスの課題と打ち手

	ビジネスの課題	ブランディングの内容（打ち手）
当初のご相談	?	●創立50周年を契機にした、コーポレートスローガン開発 ●企業広告キャンペーン（国内）の実施
実際のプロジェクト	●成長を牽引する海外事業部門の立て直し ●海外事業部門のプレゼンス強化	●英語ベースの事業内容紹介 ●グローバルのステークホルダー向けのメッセージの仕組み化

ーンの実施は取りやめ、英語ベースの事業内容紹介などグローバルで運用できるメッセージの仕組み化を軸としたブランディングプロジェクトを実施することに着地したのです（図2－1）。

ビジネスの課題によって、打ち手（ブランディングプロジェクトの内容）が変わるのは当たり前です。その当たり前の「前提」となるのが、ビジネス、経営レベルの課題に他なりません。

実際に、この会社のケースと類似する相談は、驚くほど多い状況であるため、初めてお問い合わせをいただく際に、筆者は必ずそのクライアント企業のビジネス課題の確認をするようにしていますが、その場で明確な回答をいただけないケースも少なくありません。残念ながら、ブランディングの実施（もしくはそのプロジェクト化）自体が、目標となっているケースが非常に多く、まだまだ、ビジネスとの直接的な関係性が不明、もしくは曖昧なところにブランディングが位置付けられているのではないかと感じています。
ブランディング「を」行うことが目標ではなく、ブランディング「で」ビジネスを成長させることが目標でなければなりません。

対象とするブランディングの目的と役割

ビジネスの課題の確認ができたら、次に、そもそも「何のために、そしてどういう状況で」ブランディングに取り組むかを明確にする必要があります。なぜなら、「ブランディングの目的」の設定と関係者間での意識の共有ができていないと、戦略に踏み込む前に関係者が右往左往してしまい、その結果は中途半端な取り組みによるブランディングへの失望感になりかねないからです。ブランディングを活用して持続的なビジネス成長を成し遂げるためには、第1章でご紹介したとおり、自社の立ち位置をしっかりと認識しておく必要があるのです。

事業戦略をブランド戦略に、もしくはブランド戦略を事業戦略に落とし込む際には、企業・組織が置かれている状況によって、言い換えると「ブランディングの役割」や「ブラン

図 2-2 「ブランドへの挑戦」

		ブランドと事業戦略の関係性		
		ブランド優位（ブランド→事業戦略）	事業戦略優位（事業戦略→ブランド）	
ブランディングの役割	(Re)focus	ブランドを深耕すること自体に対しての挑戦	事業戦略を顧客体験に落とし込むという挑戦	事業戦略をブランドで具現化する
	(Re)position	市場を変えるという挑戦	狙う顧客を変えるという挑戦	

ドと事業戦略の関係性」によって、ブランディングに要請される目的には、いくつかの種類があります。その分類を、「ブランドへの挑戦」と題して整理したのが図2－2の表です。

どのようにブランディングに取り組むかにおいては、二つ重要な視点があります。その一つが「ブランドと事業戦略の関係性」です。事業戦略ありきのブランド戦略なのか、ブランドが事業戦略を左右し得るのかという視点です。いずれの方針で検討するかによって立案する戦略は異なります。事業戦略とブランド戦略の関係性をどう設定するかで、ブランディングがビジネスに踏み込む深さも変わることになります。

もう一つの視点は、「ブランディングの役割」です。今のポジションの延長線上でブランドを強化する戦略をとるのか、それともポジションを変えるのかで、取り組みの力点の置き方は大きく変わります。

現在のポジション強化をブランディングの役割とした場合は、事業戦略を顧客体験に落とし込むことにフォーカスされますが、ポジションを変えることを役割とする場合は、ターゲット顧客自体を変更することに全社を挙げて取り組むことが目標となります。

読者の皆さんが、現在自社のブランディングを検討する立場に置かれているのであれば、その案件がどれに該当するものなのか、今一度確認いただくのがよいでしょう。

「ブランドへの挑戦」四つのパターン

「ブランドへの挑戦」を因数分解すると、四つのパターンが見えてきます。四つのパターンについて、象徴的なケースを参考に、それぞれの「ブランディングの役割」や「ブランドと事業戦略の関係性」について、考えてみたいと思います。

①事業戦略を顧客体験に落とし込むという挑戦：STARBUCKS

全社組織横断の活動を通じてブランド構築に取り組むことで、事業戦略を顧客体験に落とし込むという活動です。この活動を実践している代表的なブランドにスターバックスが挙げられます。

スターバックスは、商品・サービス、接客、空間、コミュニケーションのあらゆる接点を通じた顧客の体験を創出する活動で、事業戦略をブランドで具現化し、その強化を進め続けています（活動の詳細は、第5章ケーススタディに記載）。

②狙う顧客を変えるという挑戦：MINI

２００１年にＢＭＷグループの傘下となったＭＩＮＩは、「小さくて小回りの利く都市向けの優れた自動車をつくる」というＭＩＮＩの根本的な思想やＤＮＡを引き継ぎながら、自動車市場に「プレミアム・コンパクト」という新たなセグメントを確立し、大きな成長を遂げています。

「The small, but glamorous fashion accessory」というブランドの約束を設定し、それに基づいたスタイリッシュなカーデザインやプレミアムなリテール空間などを創造し、アッパーミドルクラス層からも積極的に選ばれる魅力を付加することで、高価格帯にリ・ポジションすることに成功しています。

③市場を変えるという挑戦：Red Bull

レッドブルは、いまや世界のエナジードリンク市場で70％の占有率、年間60億本以上の販売数を誇るナンバーワンブランドです。

1984年にレッドブルの元となるドリンクの販売権を獲得した創業者のディートリヒ・マテシッツ氏は、創業計画書に、「レッドブルのための市場は存在しない。我々がこれから創造するのだ。」と自ら書き記したそうです。それを体現するかのように、新規参入で既存流通網を持っていなかったレッドブルは、大量の商品を大勢の人たちに販売する取り組みに力を入れるのではなく、逆転の発想で、まずは少数でも、値段が高くても買ってくれる顧客をファンにして、ファンを起点に口コミでレッドブルの評判を広げることに注力し、新しい市場を開拓し続けてきました。レッドブルは現在171カ国で販売されており、これまでに累積680億本もの販売を達成しています。

また、マーケティングの手法もユニークで、スポーツイベントなどのスポンサードにおいても逆転の発想を実践し、マニア向けのエクストリームスポーツのスポンサードを起点とし、「翼を授ける」という自らのキャッチフレーズを体現するイベントを展開することで、「市場を創造する」というブランディングの挑戦に成功しています。

④ブランドを深耕すること自体に対しての挑戦：Snow Peak

アウトドア総合ブランドとして成長を続けるスノーピークは、キャンプ用品という「モノ」を売った先にある、自然とふれあう体験のすばらしさや、その体験を通じて人々を笑顔にすることを目指しています。自分たちが信じる「キャンプ」の本質的な価値について議論を重ね、「人と自然、そして人と人をつなげることで人間性を回復する」ことが、スノーピークの提供する根源的な価値であり、社会的使命だと定義。その価値提供は、キャンプ愛好家にとどまらず、世代を超えたすべての人に求められていると位置付け、普段の生活の中でも自然とのふれあいを実現できる社会にすることがスノーピークの使命だという方針を掲げています。

そして、その方針の事業戦略への落とし込みを進め、「人間性の回復」という社会的使命のもと、コーポレートメッセージである「人生に、野遊びを。」を体現する様々なアクションを展開しています。より幅広いターゲットに向けた「野遊び」を展開するため、都市と自然を行き来することをコンセプトとした「アパレル事業」、住宅や職場に野遊びの要素を取り入れる「アーバンアウトドア事業」や「キャンピングオフィス事業」、「野遊び」のノウハウを活かして地域活性化に貢献する「地方創生事業」、「グランピング事業」など、数年の間に新規事業を続々と立ち上げ、新たな市場創造を進めた結果、新規事業（アパレル、アーバンアウトドア、キャンピングオフィス、地方創生、グランピング）の売上比率は、2018年12月期で総売上の17％に達しています（活動の詳細は、第7章ケーススタディに記載）。

2 対象とするブランドの体系

対象ブランドの体系の明確化

ブランディングをプロジェクトとして設計する際に、明確にしておくべきポイントの一つに、ブランドの「体系」があります。

対象とするブランドはどの階層に位置するのか？グループ全体のブランドか、企業ブランドか、事業ブランドか、プロダクトブランドか、技術・サービスのブランドか、それともそれらの複数なのか――どこに属するものに取り組むのかを明確にする必要があります。

会社と製品に同じ名称を付与して、事業活動を展開するケースは、日本の製造業に多く見受けられます。そのような場合には、コーポレートブランドとして企業のレイヤー（階層）

図2-3　どう見られたいかを表す「ブランド体系」

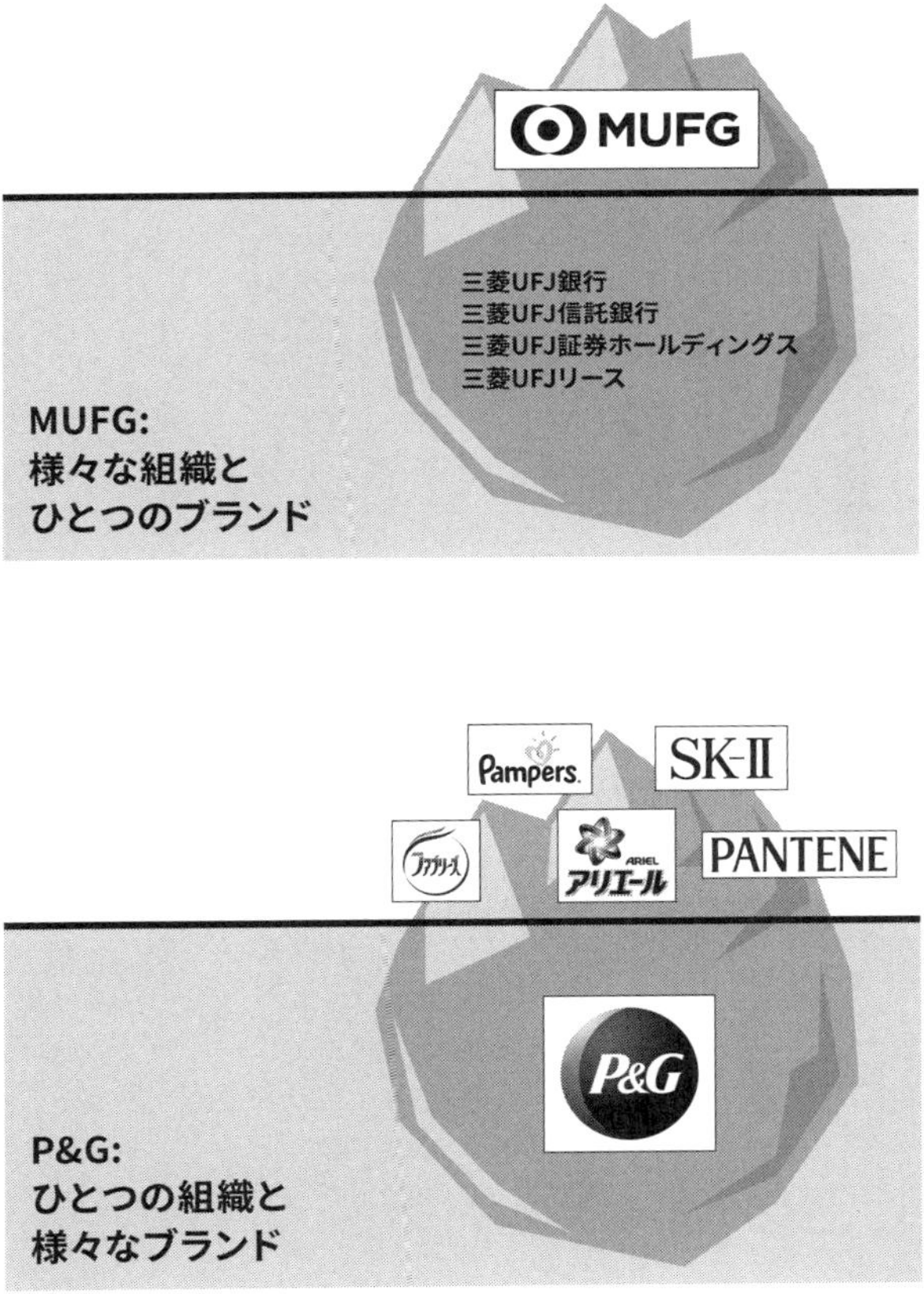

のブランドを対象とするのか、プロダクトブランドとして、商品をブランディングの対象とするのか、それとも両方がブランディングの対象なのかによって、取り組む内容は違ってきます。

また、日本企業に多いのが「企業名＝ブランド」という誤解です。後述のブランド体系にもよりますが、ブランディングにおいては、原則として企業名とブランドは、明確に分けて考えるべきものです。

なぜなら「ブランドの体系」とは、企業の現状を「正確に」表すことではなく、企業がステークホルダーに「どう見られたいか」を戦略的に設定した受け皿となる器（ブランドのインフラ）であり、これによってステークホルダーに意図した知覚を形成することが可能になるからです。自ら行う活動をステークホルダーにどのように知覚形成させたいのか、戦略的に考える必要があります（図2－3）。

ステークホルダーに意図した知覚を形成する「ブランド体系」

図2－4は、ブランドがステークホルダーの中で知覚形成されるプロセスを示したもので

図2-4　「ブランド体系」は戦略的に設定した受け皿となる器

ブランドが育成されるプロセス

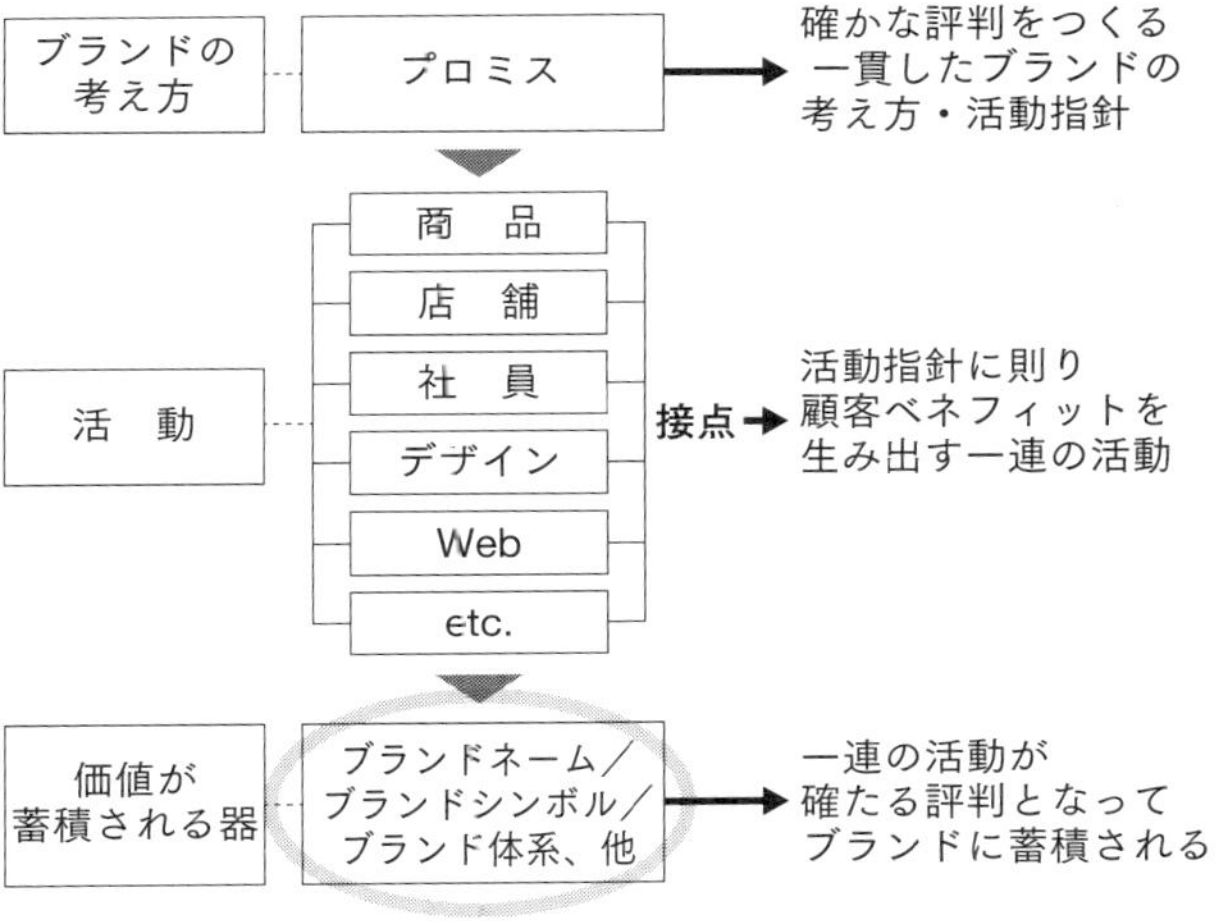

す。ブランディングにおいては、プロミスなどのブランドの中核となる考え方に基づき、事業活動の様々な接点を通じてその考え方がステークホルダーに伝達されます。様々な体験を通じて、ステークホルダーにそのブランドのイメージが知覚形成される際に、それが効率的にストックされる器が必要となります。それが、ブランドのネーミングであり、ロゴマークであり、ブランドの体系などのインフラです。

例えば読者の皆さんは、スターバックスのロゴを見た瞬間に、何を連想されるでしょうか？　お店のソファや空間、店員さんの接客、コーヒーの香りなどを次々と想起する方も多いかもしれません。もしそうであれば、スターバックスというブランドにはこの仕組みが機能しているということです。つまり、様々なブランド体験で得た知覚がロゴマークというインフラにストックされているということになります。

このように、ブランドの名前やロゴマークと同様に、ステークホルダーの知覚の受け皿として、ブランドの体系も戦略的に設計していく必要があるのです。

基本的なブランド体系の類型

ブランド体系には、様々な形が存在しますが、およそ三つの体系に分類することができます（図2－5）。

①マスターブランド体系

単一の事業を営む企業に多く採用されているブランド体系です。その代表的なケースとして、コーポレートブランドが、ステークホルダーの知覚の受け皿となる唯一のブランドインフラとして設定されている自動車メーカーや金融企業が挙げられます。ＢＭＷの場合、製品

図2-5　3つのブランド体系

マスターブランド体系

コーポレートブランドが消費者との唯一のコミュニケーション記号

▼

単一の事業・コンセプトの企業にとって効率が良い

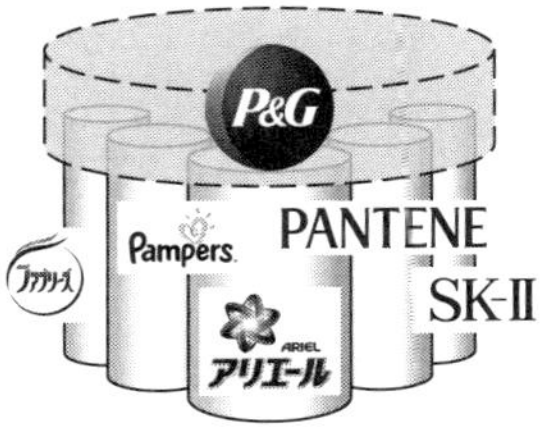

フリースタンディングブランド体系

個々の事業・商品にコミュニケーション記号としての個別のブランドを持つ

▼

多岐にわたる事業・コンセプトを展開している企業に必然的に採用される

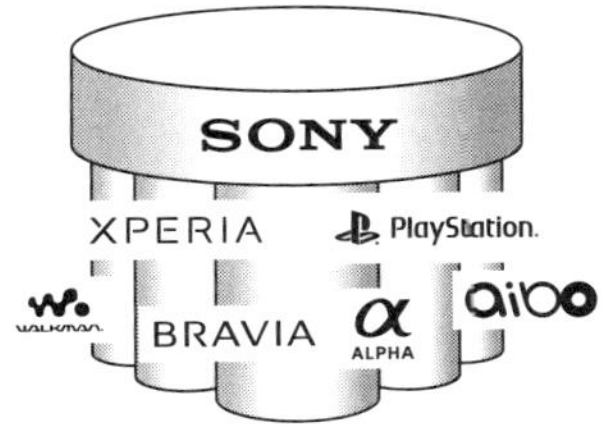

エンドースドブランド体系

事業・商品・サービスがコーポレートブランドに保証される

▼

企業ブランドの保証と個別のブランドの独自性を両立できる

である車種には、1、2、3、4、5、6、7などの数字や記号を用い、あえて特徴を出さないようにしており、走行性能を高めたクルマというイメージがステークホルダーにストックされる器は、コーポレートブランドであるBMWのみに設定されています。顧客にとってのブランドは、企業の名称であり、同時に商品名も意味するというブランド体系です。

②フリースタンディングブランド体系

意図的にコーポレートブランドの存在感を表に出さず、プロダクトブランドやサービスブランドをコミュニケーションの対象とするブランド体系です。フリースタンディングブランド体系を採用している企業の代表例に、P&Gが挙げられます。高級化粧品ブランドの「SK－II」も、紙おむつの「パンパース」もP&Gが提供するプロダクトブランドですが、意識的に接しない限り、それらがP&Gのプロダクトであることを知覚することは、まずないでしょう。

フリースタンディング体系は多くの事業ポートフォリオを運用する企業に採用される場合が多く、Mars は菓子からペットフードまで、P&Gは洗剤から高級化粧品までのカテゴリーで幅広く事業展開を行っています。

③エンドースドブランド体系

日本企業の多くが採用しているブランド体系です。トヨタ、ホンダ、キヤノン、ニッサン、ソニー、パナソニック……。これらの日本企業は、いずれもエンドースドブランド体系を採用しています。このブランド体系は、コーポレートブランドとプロダクトブランドを同時に訴求する特徴を持っています。

そもそもコーポレートブランドとプロダクトブランドは異なる役割を担っています。コーポレートブランドには、製造元を明らかにし、製品の品質を保証し、顧客に信頼感や安心感を提供する役割があります。これがコーポレートブランドによるプロダクトブランドへの「支援効果」です。また、コーポレートブランドは自らの傘下に揃えるプロダクトブランドに対して、大きな方向性をディレクションする役割も担っています。

一方、プロダクトブランドには製品自体を覚えてもらい、魅力を凝縮してストックし、顧客が商品を購入する際の目印となる役割があります。さらにコーポレートブランドの「目指す姿」を製品に結実させ、顧客に体感してもらう役割、プロダクトブランドによるコーポレートブランドへの「貢献効果」があります。エンドースドブランド体系は、製品自体の魅力を伝えるプロダクトブランドと、製造企業の信頼感を伝えるコーポレートブランドを同時に

図 2-6　各々の業務活動で生み出した価値を、意図通りにブランドに蓄積させる仕組み

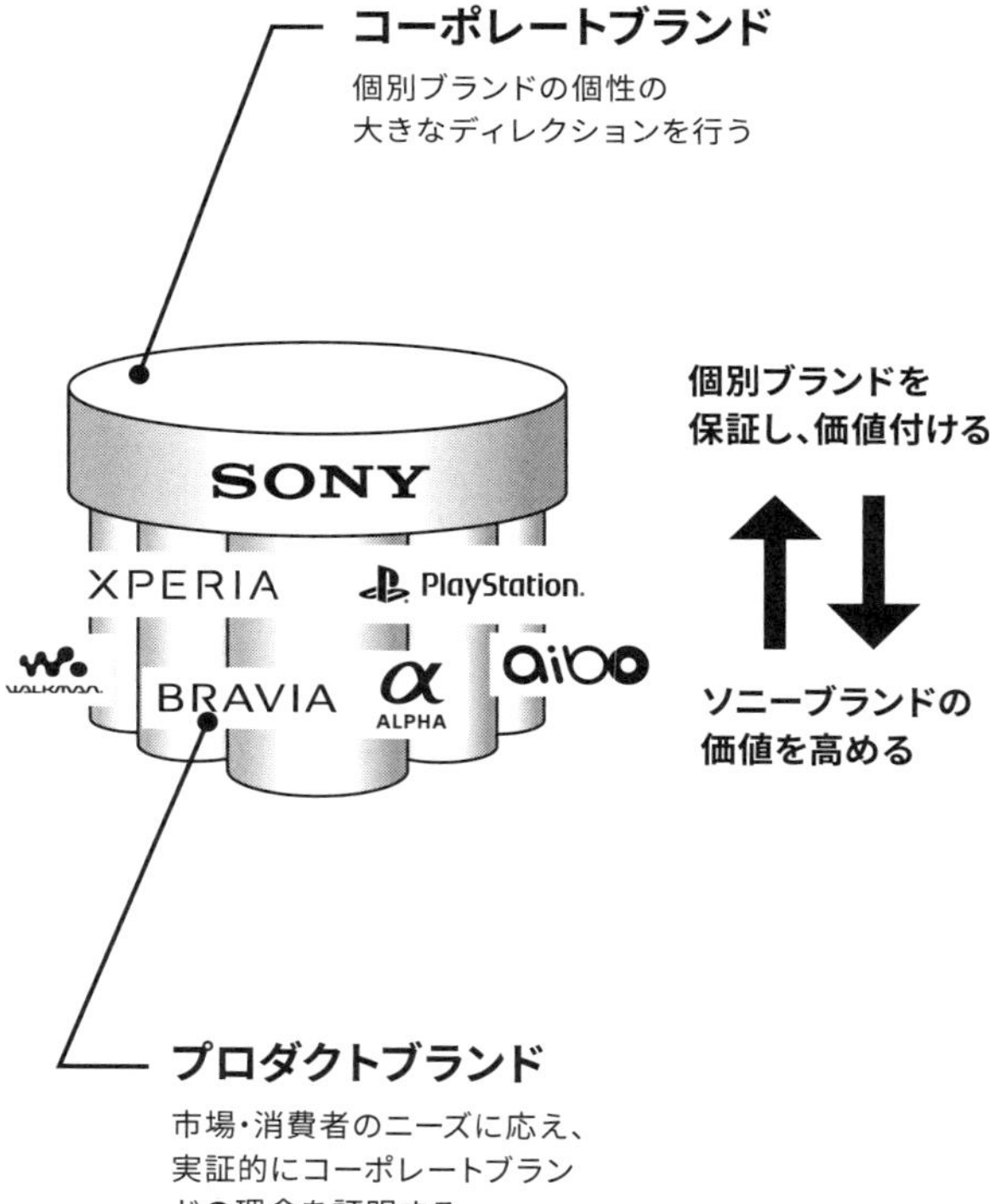
市場・消費者のニーズに応え、実証的にコーポレートブランドの理念を証明する

訴求している点が特徴であり、それぞれが獲得したい知覚イメージを形成する仕組みとなっています（図２－６）。

三つのブランド体系の中でどれが優れているのかを論じることに意味はなく、その企業が展開する事業や、参入カテゴリーに最も相応しいブランド体系を採用し、マネジメントしていくことが必要となります。

ブランド体系を明確化する五つのメリット

自社のブランド体系を正確に把握し、適切にマネジメントすることで、企業側には主に次の五つのメリットがもたらされます。

①顧客の知覚品質を管理できる

単に顧客の好みや嗜好に委ねるのではなく、企業としてブランドを適切に管理することで、自社にとって好ましいイメージを醸成することができます。

②ブランドの「目指す姿」が明確になる

ブランド体系を整備することで、それぞれのブランドの「目指す姿」が明確になります。企業が、対象とするブランドで何を顧客に約束するのか、何を目指すのかをブランド体系に込めることにより、他社との差別性が際立ち、競争優位につながります。

③コミュニケーション効率が向上する

顧客や社会に伝えるべき内容や、その対象となるブランドが明確になることで、訴求内容や方法に一貫性が生まれます。その結果、ブランドコミュニケーションが効率的に行えるようになります。

④コミュニケーションコストを削減できる

個別最適でコミュニケーションを行うのではなく、全体最適を目指したコミュニケーションをマネジメントし続けることで、毎年のマーケティング投資にかかるコストや時間をセーブすることができます。ひとたび顧客の頭にイメージが蓄積されれば、コミュニケーションの量を減らしても顧客のブランドイメージは大きく逓減しないことが期待でき、直接的なコスト削減につながります。

⑤ブランド管理労力が軽減される

社内におけるブランドマネジメントの労力の軽減が期待できます。管理すべきブランドと、その方向性が明確になれば、それぞれのブランドの管理において、チェックすべき項目やその判断基準が限定され効率化がもたらされるからです。

ブランディングを現実的なものにするためには、顧客をはじめとするステークホルダーの頭の中に生まれるブランドイメージを企業側でコントロールし、ブランドとして目指すイメージを明確に実感してもらわなければなりません。

「全体最適」の観点で、ブランド体系を整備・マネジメントすることによって、企業はブランドのアイデンティティを明確にし、顧客の知覚を自社の望む方向に導くことができます。そのためには、戦略的に、意図した活動の受け皿をどこに設定するか、全社レベルで、明確な意志を持つことが極めて重要となります。

もし、自社のブランド体系を再確認した際、それが先述の3体系のどこにも当てはまらないようであれば、それを適切なカタチに整備することがブランディングの第一歩になるはずです。

第3章

ブランディングの核となる「中核概念」

1 ブランディングの核となる「中核概念」

すべての活動の起点となる「中核概念」の策定

ブランディングの根幹として必須かつ最も重要な要件となるものが、すべての活動の起点となる「中核概念」の策定です。ブランドの中核概念には、「ブランドコンセプト」「ブランドプロポジション」「ブランドプロミス」など、様々な呼称が存在しますが、本書では主に「ブランドプロミス」として記述し、解説を進めます。

ブランディング、つまりブランドをつくり育てていく活動は、これまでの企業活動の歴史や、自分たちが置かれている環境の具体的な事実を踏まえながら、これから歩んでいく方向を、その拠り所となるブランドプロミスにいったん、凝縮・集約し、それを起点にすべてのステークホルダーにブランドの目指す姿が見えるように、明文化する作業です。図3－1の左から右への流れ全体がブランディングの全容で、ブランドプロミスは、その中心に位置付けられます。

図3-1　ブランドプロミスがすべての活動の起点となる

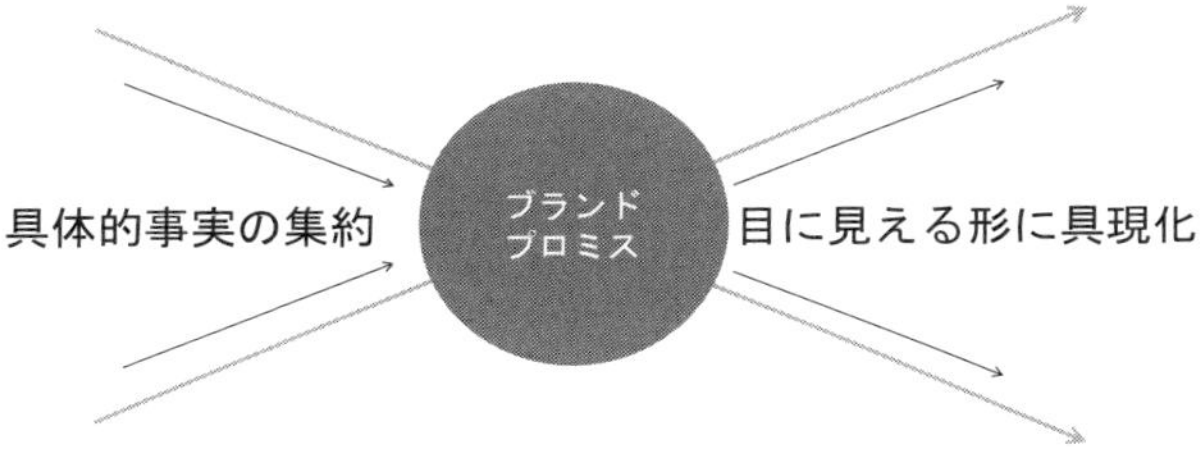

ブランディングに求められる要件の一つは、他者との差別化です。したがって、ブランドの核となるブランドプロミスは、そのブランド固有の価値や提案が内包されており、その個性の源泉でなければなりません。ブランドプロミスが、抽象度の高い曖昧なものや、「あれも、これも」のてんこ盛りでは、そのブランドの個性は際立たず、存在感も希薄になります。その結果、顧客には特徴のないものとして映り、適切な知覚は形成されないでしょう。

同時にブランドプロミスは、すべての活動の拠り所として機能するものであるべきです。ブランドプロミスを規定することは、そのブランドが「何をするべきか」、または「何をすべきではないか」の基準を定めることでもあります。言い換えれば、そのブランド「らしい」ことは何かを関係者で議論すること自体が、ブランディングの最も重要な工程の一つとなります。

機能性と情緒性をあわせ持つブランドプロミスの策定

第1章で、「合理性の感性への転換」が、本質的にブランドが果たす役割の一つであることを説明しましたが、優れたブランドは論理性だけでなく、情緒的な要素が織り込まれたブランドプロミスによって、「合理性の感性への転換」を達成しています。

その好例を、サントリーが、「サントリーグループの約束」として掲げている、「水と生きる」というブランドプロミスに見ることができます。このプロミスには、(1)お客様に水と自然の恵みをお届けする企業として、貴重な共有資源である水を守り、水を育む自然環境を次世代につないでいくという想い、(2)水があらゆる生命の渇きを癒し、潤いを与えるように、お客様や社会にとって価値ある商品やサービスを通じて、人々の豊かな生活文化の創造に貢献していくという想い、(3)すべての社員が水のように柔軟に常に新しいテーマに挑戦し、新たな価値を創造する企業であり続けるという三つの想いが込められ、企業としてのあらゆる行動の指針になっています。

論理だけでは解決ができない情緒性をあわせ持つブランドプロミスの策定は、自分たちにはハードルが高いとお感じになる方も多いと思いますが、一定のセオリーに基づき、根気よく論理を積み重ねることで、必ず解は導き出せます。以下にそのセオリーをご紹介しましょう。

2 ブランドプロミスと表現指針の策定

ブランドプロミスを導くブランドディフィニション・モデル

ブランドプロミスを策定する際に有効なのは、プロミスを情緒的に体現する「ブランドパーソナリティ」と「表現指針」の設定を同時に検討することです。

「人でしか、人の琴線に触れることができない」といわれます。その言葉の通り、人々の気持ちを動かす情緒的な魅力こそが、ブランドの個性、パーソナリティです。そのブランドは人に例えると、どのような人格なのか。とにかく優しい人なのか、堅物だけれども頼りになる人なのか、スタイリッシュではないけれど親しみやすい人なのか。ブランドには、それぞれ固有の魅力が存在しているはずです。そのパーソナリティこそが、他者との差別性を発揮する源です。プロミスを検討する際にブランドのパーソナリティを設定することで、人々の

図3-2　ブランドディフィニション・モデル

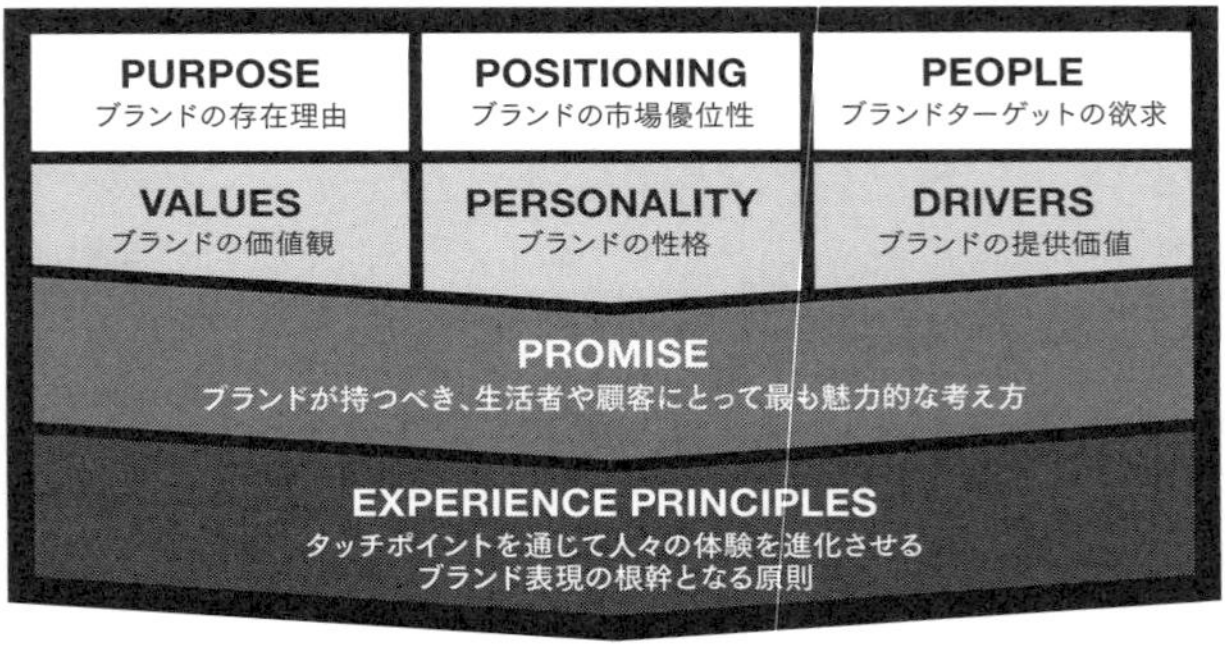

心を動かす情緒的な魅力を定義しやすくなります。

インターブランドでは、通常「ブランドディフィニション・モデル」というツールを使用して「ブランドプロミス」と「表現指針」を同時に策定しています（図3－2）。

ブランドディフィニション・モデルは、ブランドプロミスを導き出すために必要となる要素の整理ボックスのようなものです。

ここでは、整理すべき要素や押さえるべきポイントについて、このモデルを例に解説します。

まず、ブランドの定義化において、必要となるインプット情報として、「ブランドオーナーの意志」「顧客のインサイト」「競合との差別化」の3点の棚卸しが挙げられます。これは、企業がビジネスを行う際に、市場の関係性を理解するために使われるフレームワークである

3C（Company、Customer、Competitor）分析と同様のものです。つまり、Company＝ブランドオーナーの意志、Customer＝顧客のインサイト、Competitor＝競合との差別化の3要素を棚卸しすることが、その出発点です。

それぞれのインプットが集まった段階で、それらを、このモデル上段の6つのボックスに整理し、集約します。つまり、「ブランドオーナーの意志」は、Purpose（ブランドの存在理由）とValues（ブランドの行動を定義付ける価値観）に、「顧客のインサイト」はPeople and Insight（焦点を当てるターゲットの個性）とDrivers（ターゲットに選ばれるための提供価値）に、「競合との差別化」はPositioning（ブランドが市場にもたらす優位性）とPersonality（ブランドの持つ個性）に、それぞれをしっかり棚卸しし、明確に集約することが最初のステップです。

インプット情報の整理と集約

①ブランドオーナーの意志

ブランドを定義するその鍵となるスタートポイントは「ブランドオーナーの意志」であることは言うまでもありません。では、「ブランドオーナー」とは何を示すのでしょうか。第

1章で「ブランドホルダー」は企業のみではないと説明しました。また顧客を含めたすべてのステークホルダーとの共創によって、ブランディングが成り立つ「共創の時代」の到来を説明しました。ここではそうした顧客を含むブランドの「ホルダー」とは区別して、狭義のブランド所有者として「オーナー」という言葉を使い解説します。

オーナーという表現からは経営者、中でもCEO等トップマネジメントを想起しがちですが、ブランディングにおいては、それ以外にも、その企業の歴史や文化、創業理念など様々な経営方針、さらには企業を支える社員もオーナーと考えます。トップマネジメント自らブランディングの先頭に立つことが多い欧米のブランドでは、トップマネジメントの独断で性急なブランディングを実施した結果、社員がついてこられなかったり、顧客の離反を招いたりして、ブランディングに失敗し、軌道修正を強いられる例もしばしば見受けられます。重要なのは、ブランドのオーナーである経営者、社員、歴史・文化の意志をしっかりとブランディングに活かすこと。そのことからも、やはりブランディングは全社活動に他ならないのです（図3－3）。

これらの「意志」を明確に整理するためには、経営者への定性的なインタビューや、全社員を対象とした定量調査をはじめ、全方位的な「ブランドオーナーの意志」の確認、棚卸し

図3-3 「ブランドオーナーの意志」を構成する要素

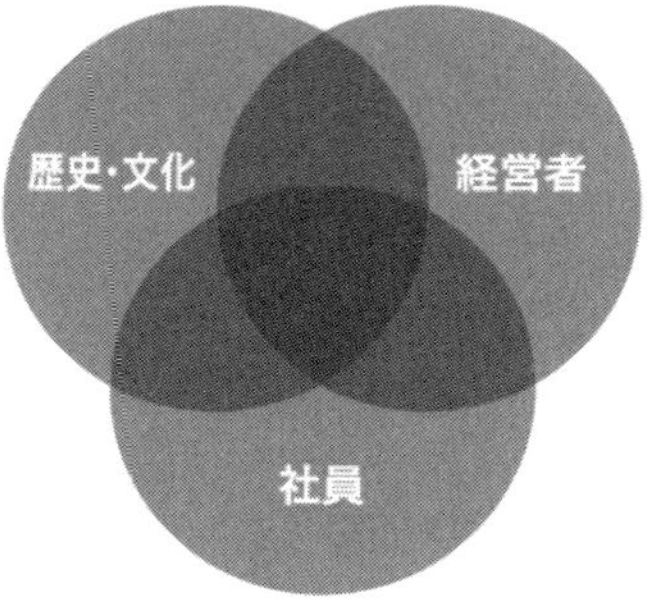

を行うことが有効です。これらのインプット情報を整理し、「ブランドの存在理由」と「ブランドの行動を定義付ける価値観」が何であるかを導き出し、関係者間で合意形成するのがこのプロセスのテーマです。

この点は、ボトムアップ型でブランディングを実施するケースが多い日本企業が得意なところではないでしょうか。経営トップのコミットメントのもと、多くの社員の同意と共感を得ながら、全社を巻き込んで進めていくという方法は、日本企業の風土に適しています。これらの活動を通して、ブランドの新しい価値を見いだす取り組みは、その後の合意形成や「自分ごと化」につながり、ブランドを強くするための第一歩となります。

②顧客インサイト

顧客のニーズがどこにあるか。それをしっかり把握することも、ブランディングの推進に欠かせない要素です。「ブランドオーナーの意志」の棚卸しで、全社員を対象とした定量調査の実施が有効であることを前述しましたが、ターゲット顧客の期待と対象ブランド、競合ブランドの期待充足度がどのような状況となっているのかを定量的に計測することも重要です。

顧客の期待が満たされておらず、競合ブランドも、顧客自身も気づいていないニーズをアンメットニーズと呼びますが、このニーズをどう解明していくかも論点の一つです。通り一遍の定量調査では、アンメットニーズを探し出すことは難しいため、顧客の行動をつぶさに観察して仮説を発見する「エスノグラフィ」、SNSやインターネットにおける「バズ分析」、数字や文字情報にビジュアル情報を加味してまとめる「カスタマージャーニー分析」など、様々な調査、分析手法を取り入れながら、ターゲット顧客のインサイトを見出す努力を続けなければなりません。

最近では、オンライン上のコミュニティ・プラットフォームを活用し、顧客同士の対話、顧客と従業員の対話を通じた新たな顧客インサイトの発見や、顧客との深く長い関係づくりを基軸においた取り組みが主流になり始めています。近年のデジタル環境の進展による顧客の期待の目まぐるしい変化に対応していくためには、こうした顧客中心の新たな取り組みによる「共創」が、顧客の期待に応え続ける強いブランドづくりの基軸になりつつあります。

これらの分析を通じて、「焦点を当てるターゲットの個性」とはどのようなものなのか、その「ターゲットに選ばれるための提供価値」としてどんなものを設定するのが適切なのかを、徹底的に掘り下げてください。ターゲット顧客に対する深い理解なくして、ブランドの定義は成り立ちません。

③競合との差別化

ブランディングに最も必要な要素、それは「差別化」です。先に述べた通り、ブランドは顧客の頭の中で創られるものですが、他と違う何かがあって初めて明確に知覚形成され、選ばれる存在となることができます。選ばれるためには、何が他社とどのように違うのか、ブランドの独自のポジションを定める必要があります。

現時点における対象ブランドの強みとターゲット顧客が評価するポイントが何かを明確に把握する必要があることはいうまでもありませんが、それだけでは足りません。競合ブラン

図 3-4　ブランドのポジショニングには将来の視点が必要

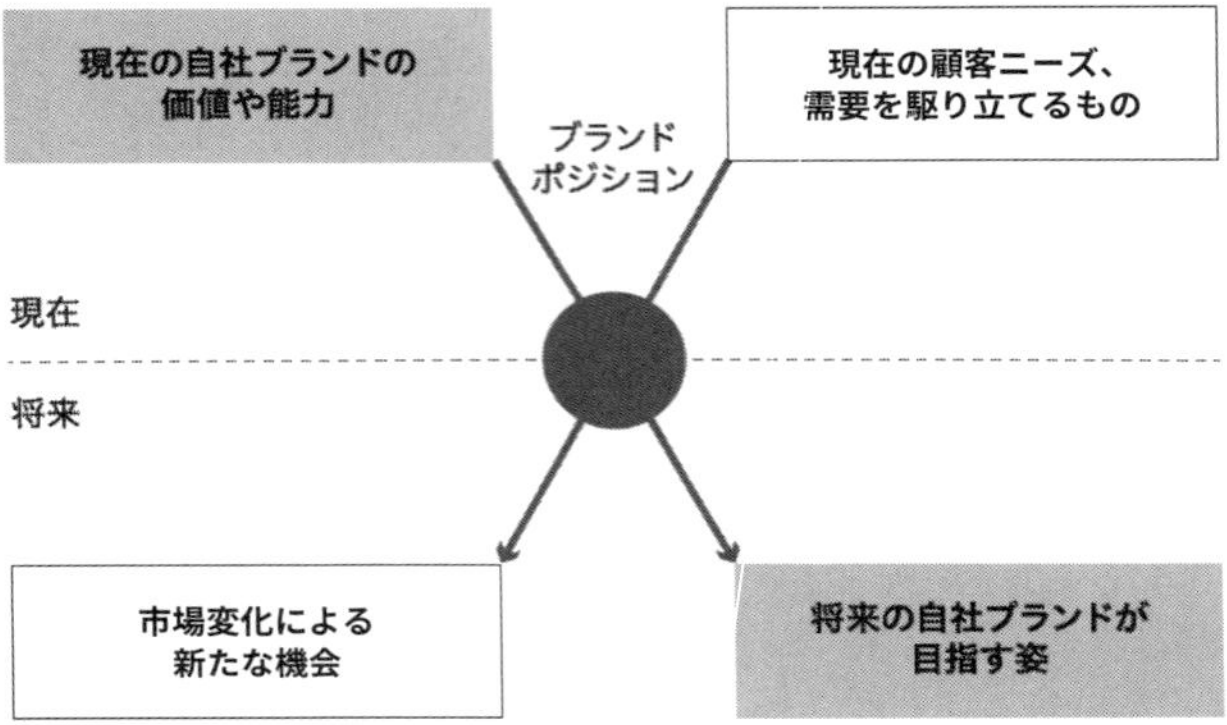

ドやその顧客の動向も含めた市場ニーズを踏まえて、将来、どのようなポジションを取ることが有効なのかを深く検討することが、極めて重要です（図3－4）。

他とは違う存在であることをより鮮明にするために、「ブランドが市場にもたらす優位性」となるポジショニングを定める際に、重要となるのが、人間の人格にあたる「ブランドパーソナリティ」です。前述の通り「ブランドの持つ個性」であるブランドパーソナリティの設定は、そのブランド固有の情緒的な魅力をあらためて確認、設定することになり、この先競合との差別化を行っていく際には、なくてはならないものとなります。

すべての活動の拠り所となるブランドプロミスの策定

「ブランドオーナーの意志」、「顧客インサイト」、「競合との差別化」、それぞれの棚卸しが完了したら、これらの情報をインプットとして活用し、ブランドプロミスの策定に入ります。自社の持つ既得の価値や今後目指すべき方向となる意志の確認、ターゲット顧客のインサイトに基づく「提供価値」の整理、情緒的な魅力も含めて競合との違いを見極めていくという工程は、そのブランドのブランドたる「ゆえん」を定める作業ともいえます。

ブランドの「目指す姿」ともいえるブランドプロミスは、企業・組織が展開するコミュニケーション戦略はもとより、様々な企業・組織のビジネス活動、言い換えると事業戦略、流通戦略、出店戦略、商品戦略、人事戦略など、企業活動すべての起点に位置付けられるべきものとなります。

先にブランドプロミスは考え方の明文化と説明しました。ひと言で言うならば、「ブランドが持つべき、生活者や顧客にとって最も魅力的な考え方」を言葉にすることです。先にご紹介したサントリーグループの「水と生きる」をはじめ、私たちがパッと想起できるブランドプロミスの多くは、社会への浸透を強化するために一定のマーケティングコストをかけて広告活動で活用されているケースも多いため誤解されがちですが、ブランドプロミスは、広告のキャッチフレーズのように、耳ざわりのいい表現やインパクトを追求するものではありません。表現としてエッジが効いていることよりも、企業活動の拠り所としてふさわしい普遍的なもの、誤解なくステークホルダーに伝わる表現の設定が望まれます。

したがって、例えば、既存のブランドの名の下で新規の事業活動を実施することを検討する際には、その活動がブランドとしてすべきことか、してはいけないことなのか、言い換えれば「らしい」活動か「らしくない」活動なのかを判断する基準となるものでなければなりません。

第1章では、約束をステークホルダーとのすべての接点で事業活動として実態化することの必要性をクアドラントモデルで説明しました。図3－5で、あらためてブランドプロミス(中核概念)と四つのエリアの関係性を解説しましょう。

〈人々と行動〉
ブランドプロミスを実現するために、社員はどう行動し、振る舞うべきか？

図3-5　ブランドの中核概念（ブランドプロミス）がすべての活動の拠り所

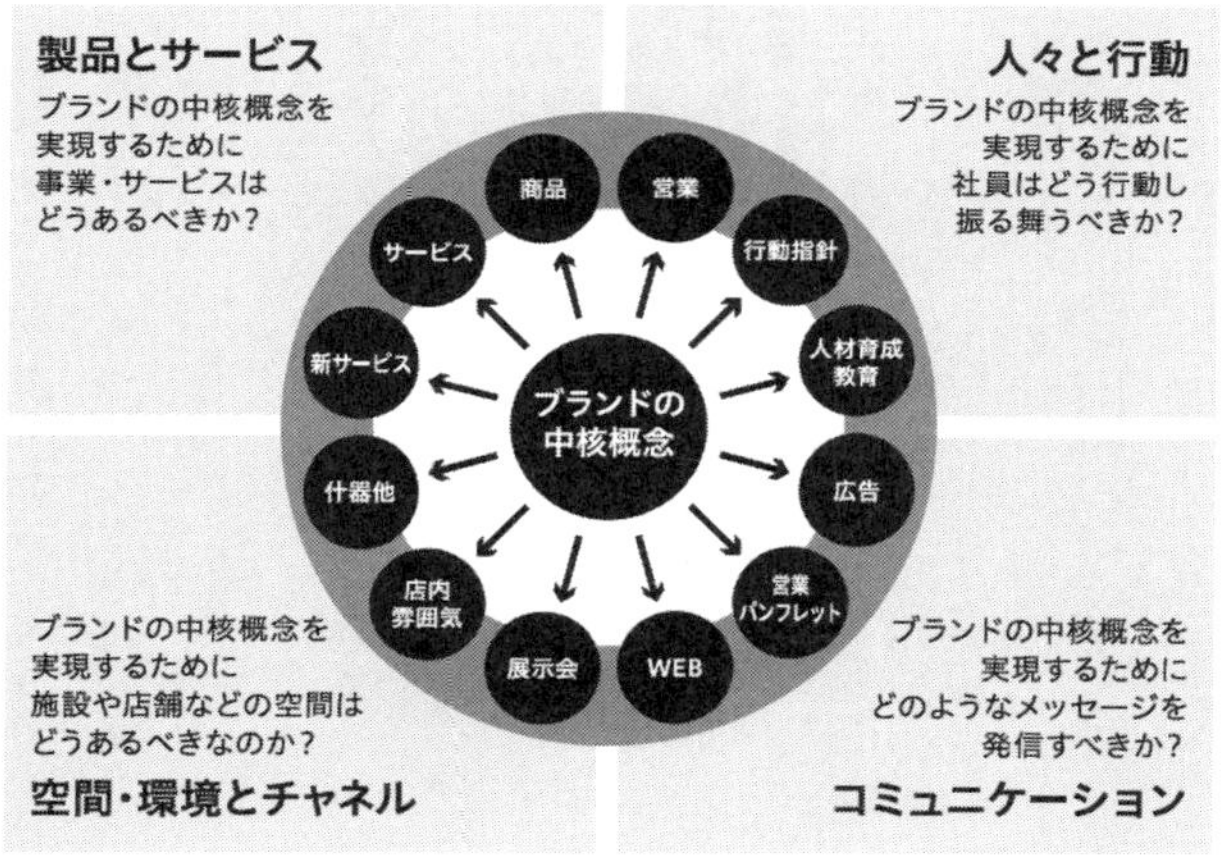

〈製品とサービス〉

ブランドプロミスを実現するために、事業・製品・サービスはどうあるべきか？

〈空間・環境とチャネル〉

ブランドプロミスを実現するために、施設や店舗などの空間は、どうあるべきか？

〈コミュニケーション〉

ブランドプロミスを実現するために、どのようなメッセージを発信していくべきか？

つまり、ブランドプロミスがすべての活動の拠り所として機能するものになっているか否かが、チェックポイントの一つです。もしも設定したブランドプロミスが事業活動に落とし込みにくいものであるならば、より機能するような精緻化が必要であると認識し、再度検討を加えるべきでしょう。

企業理念とブランドプロミスの関係

ブランディングを推進される担当者の多くは、従来からある理念の類いとブランドという新しい概念をどう整合させるかという悩みに直面しています。創業理念、企業理念、経営理念、社是、社訓、行動指針……。現実に、多くの日本企業には、既に多様な「理念」が存在しており、多くの場合、それらは体系的に整理されてもいません。よってその解釈は実に複雑な状態となっています。

いずれもそれぞれの企業にとっては相応の意味を持つものなのですが、残念ながらそれらのうちいくつかは、社員から忘れ去られているものや、「神棚に祀られる」状態になっていることも多いと感じます。そこに謳われている内容は素晴らしくても、優先順位が明確でなかったり、概念が重複しているなど、理念体系が未整理な状態のままでは、肝心の行動に結び付けることができません。ブランディングを検討する機会に、一気に再整理することができればベストですが、創業者が唱えた創業理念や精神を簡単に捨て去ることはできないのが実情でしょう。

ブランディングとは、具体的なビジネス活動により、企業のブランド価値を高めていくことです。その視点に立つと、どんなに内容が素晴らしくても、抽象度が高く、その企業でなくても唱えることができる一般的な理念体系からは、その企業「らしい」固有の活動をイメージすることは難しく、そのままではブランディングには有効に機能しません。

このようなジレンマを解決するために、インターブランドでは、既存の企業理念とブランドプロミスを以下のように整理して体系化することによって、整合性を取ることを推奨しています。

①企業理念

その企業の存在意義。普遍的な概念。時代が変わっても変化しない価値観。創業理念、社是、行動指針等が該当する（ただし、これらの概念は重複しがちなため、内容を吟味したうえで再整理することが望ましい）。

図3－2で説明したブランドディフィニション・モデルでは、左上のPurpose（ブランドの存在理由）に位置付けられます。

②ブランドプロミス

ターゲット顧客が引き寄せられる、そのブランドにしかない（できない）ブランドの核となる特徴。企業（製品）がビジネス活動において「目指す姿」。その企業の固有の概念。事業環境の変化などの時代性、顧客ニーズ、自社の能力に合わせて変化する可能性があります。

ブランドプロミスに求められる要件

ブランドプロミスを「ブランドが持つべき、生活者や顧客にとって最も魅力的な考え方」として明文化する際に、押さえておくべきいくつかのポイントを以下に列記します。これらのすべてを満たす定義ができれば、ブランディングの半分はでき上がったと考えてよいでしょう。

①シンプルでわかりやすいこと
ブランドプロミスは企業のビジネス活動の原点であるため、実践する社員にとって理解されやすく、覚えやすいものでなくてはなりません。

②「あれもこれも」ではなく、「これ！」に絞られていること
要素は絞ることが肝要です。分析、検討を進めるうちにどれも捨てがたく思えてきますが、勇気を持って一つに絞ること。この作業は困難を伴いますが、「あれもこれも」になると、有効に機能しません。

③顧客に対して提案性があること
ブランドのターゲット顧客にとって説得力があり、魅力的に映るものでなければなりません。顧客調査を踏まえながら、顧客がブランドを利用するときの気持ちをイメージすることが大切です。

④競合ブランドとの差別化がなされていること

ブランドプロミスの上に、競合ブランドのロゴマーク等を置いてみましょう。それでも通用しそうなら、差別化がなされていないということです。ブランドプロミスはそのブランド「ならでは」の基準であり、差別化は大前提です。

⑤社員の活動の求心力になるものであること

社員の活動こそがブランディングの命です。社員一人ひとりが具体的に何をすべきか、何をしてはいけないかが想像できるものでなくてはなりません。

⑥将来の方向性、可能性を示していること

ブランドが目指している姿、ありたい姿が感じられなければなりません。特に、ブランドの実践者である社員にとっては自分たちの活動が何を目指しているのか、その納得性が感じられなければなりません。

ブランドの表現指針の策定

ブランドが目指す姿としてブランドプロミスの方向性が定まってきたら、同時にその概念を、具体的にどのように体現していくかを定める必要があります。設定されたブランドプロミスが論理性の高いものであっても、ターゲット顧客に情緒的な魅力を併せ持った形で伝わらなければ、顧客の頭の中でのブランドの知覚形成には至りません。

顧客の立場に立って考えてみましょう。顧客は様々なタッチポイント（接点）で、そのブランドに触れ体験することで、そのブランドを認識し、そのブランドらしい世界観を知覚します。その知覚が頭の中に「評判」として蓄積していくのです。ブランドを強固にするためには、そのブランド「らしい」表現をコントロールすることで、顧客に対して望ましいブランド体験を、全方位かつ一貫性をもって提供することが必要となります。

ブランドプロミスにふさわしい、そのブランド「らしい」表現のあり方を定めること。それがブランドの表現指針（Experience Principle）です。ブランドの表現指針を定める起点となる要素が、「競合との差別化」の棚卸しの過程で整理したブランドのパーソナリティで

図3-6　ブランドのパーソナリティと表現指針

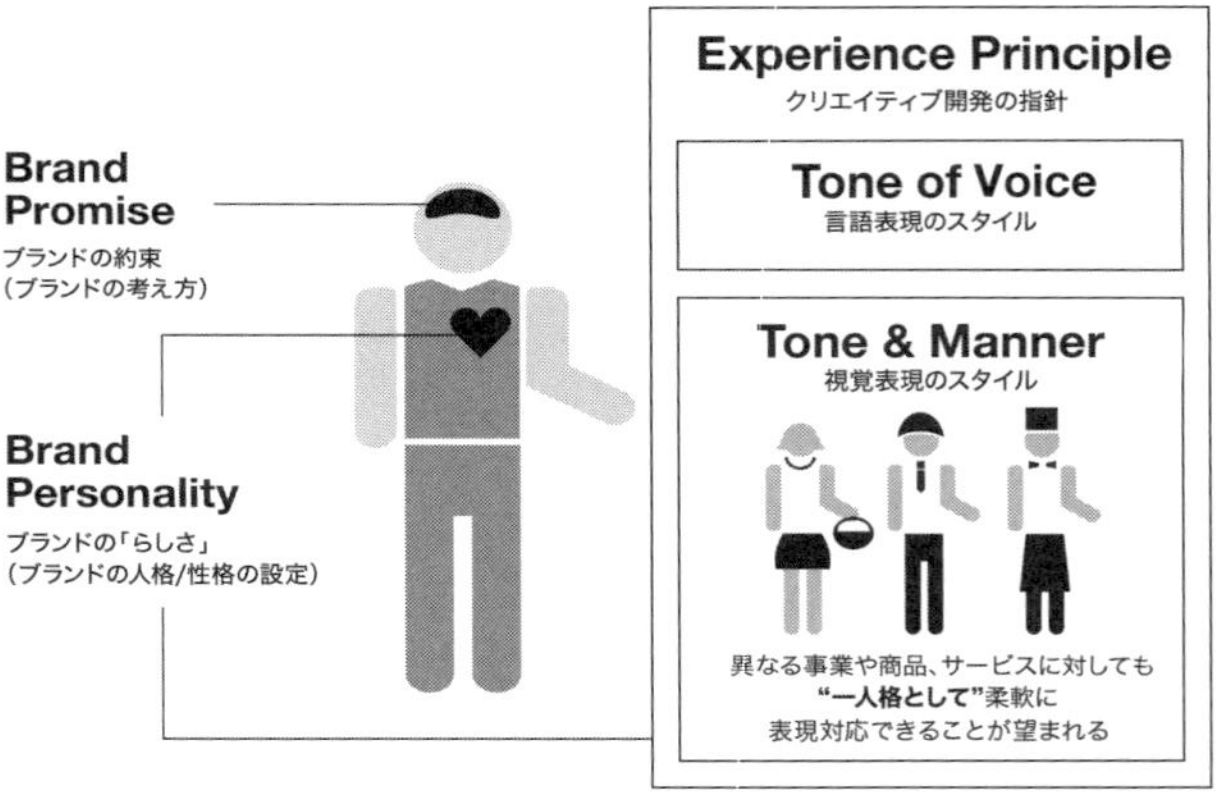

す。ブランドを人に例えて、全体を整理すると図3－6のように示すことができます。

ブランドプロミスがその人の頭脳（考え方）であるとすれば、パーソナリティは文字通りその人の個性にあたります。人であれば、その個性に基づいて、その人「らしいもの言い」や、その人「らしいルックス」があってしかるべきでしょう。ブランドも同様に、パーソナリティに基づいて、言語表現のスタイル（Tone of Voice）や視覚表現のスタイル（Tone and Manner）が細部にわたって一貫するように定めていく必要があります。その全体の取り決めが、ブランドの表現指針です。

ブランドプロミスと合わせて表現指針を設定

することで、名刺や封筒、パワーポイントなどのビジネスツール（基本アイテム）をはじめ、Webデザイン、広告、販促物、店舗や展示会の空間・環境、商品パッケージ、営業パーソンのセールストークやコールセンターの対応に至るまで、ブランドが表現する世界観をコントロールし、すべてのタッチポイントを通じて、そのブランド「らしさ」が感じられる顧客体験をつくり出すことが可能になります。

ブランドは機能的価値と情緒的価値により成り立っています。いずれかの片方だけでは、ターゲット顧客の頭の中に適切な知覚を形成することはできません。優れたブランドはその両者のバランスが絶妙に取れているはずです。ブランドを定義、または再定義するプロジェクトを推進するプロジェクトチーム、そして内容を判断する経営メンバーには、機能的な側面だけでなく、競争優位性の源泉といえるブランドの個性を見極め、さらには磨き上げていく、情緒的な感性も求められます。

第4章

ビジネスとブランドの成長と理念体系

1 ビジネスとブランドが成長するグローバルブランド

成長するグローバルブランドの理念体系の考察

先に、ブランディングとは、資産としてのブランドの価値を最大化させ、ビジネスの持続的な成長を実現させる活動であると述べました。では、持続的に成長を続けるブランドに共通する要素は何でしょうか。持続的に成長を続けるブランドは、第3章で解説したブランドの中核概念（ブランドプロミス）を、どのように規定しているのでしょうか。ここでは、インターブランドが毎年公表しているブランドランキングに登場するグローバルのリーディングブランドが掲げる理念体系に着目し、ビジネスとブランドの持続的な成長との関連を考察してみたいと思います。

インターブランドのブランド価値評価モデルとブランドランキング

本題に入る前に、本章で取り上げるリーディングブランドのリストアップの前提となるインターブランドのブランド価値評価モデルとブランドランキングを簡単に紹介します。

図4-1　ブランド価値評価の3つのステップ

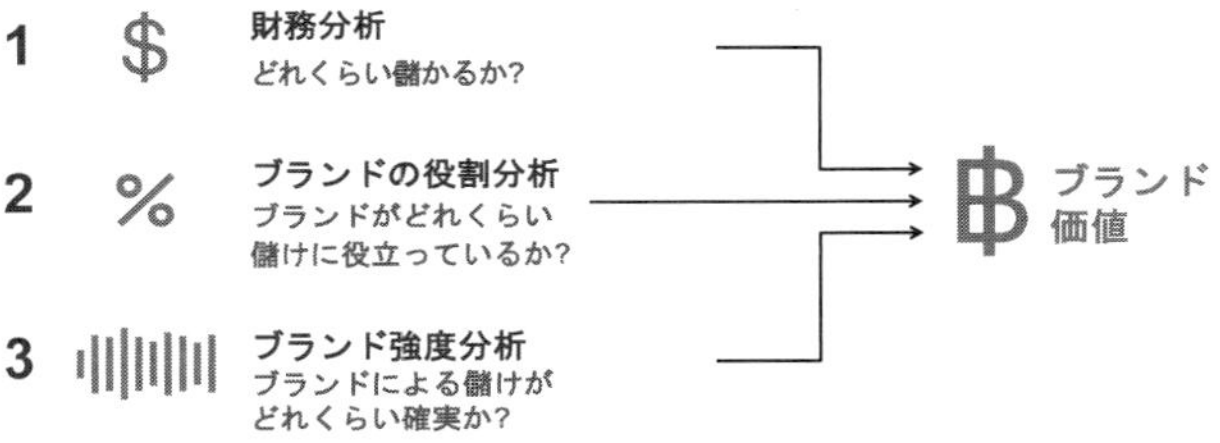

インターブランドは、「ブランド価値」を、ブランドによってもたらされる「経済価値」と定義しています。それは、ブランドによって将来的に生み出される利益の割引現在価値を意味し、「ブランド価値評価」では、証券アナリストが企業価値を評価する方法（フリーキャッシュフローを割引いた正味現在価値をベースとする方法）と類似した手法を用いており、評価の全体プロセスは図4―1のようになっています。

まず、評価対象ブランドのセグメンテーションを行い、「財務分析」により各セグメントの将来にわたる「経済的利益（エコノミックプロフィット）」を算定します。次に「ブランドの役割分析」により、ブランドの利益貢献度を評価します。経済的利益とブランドの利益貢献度の積としてブランド利益を算定し、「ブランド強度分析」によりブランドの強さを評価。評価に応じた適切な割引率を設定し、ブランド利益をブランド割引率で割引現在価値に割り戻します。各セグメントのブランド価

図 4-2　ブランド強度分析の 10 指標

値を算定し、最終的にそれらを合計して「ブランド価値」を算定します。

「ブランド強度分析」は、ブランドマネジメントの体制を評価する四つの社内指標と、ブランドが顧客にどうとらえられているかを評価する六つの社外指標から構成されています（図4－2）。ブランド強度が高ければ低い割引率を、逆に、ブランド強度が低ければ高い割引率を適用して、将来のブランド利益の割引現在価値の合計として、ブランド価値が最終的に算定されます。なお、この「ブランド強度」の10指標は、ブランドをマネジメントする際の指標として活用することが可能なので、その詳細は第6章で解説します。

このようなプロセスで算出した「ブランド価

図 4-3　Best Global Brands 2018（Top 40 ブランド）

2018ランク	2017ランク	Brand	ブランド価値（US million $）	前年比
1	1	Apple	214,480	16%
2	2	Google	155,506	10%
3	5	Amazon	100,764	56%
4	3	Microsoft	92,715	16%
5	4	Coca-Cola	66,341	-5%
6	6	Samsung	59,890	6%
7	7	Toyota	53,404	6%
8	9	Mercedes-Benz	48,601	2%
9	8	Facebook	45,168	-6%
10	12	McDonald's	43,417	5%
11	15	Intel	43,293	10%
12	10	IBM	42,972	-8%
13	13	BMW	41,006	-1%
14	14	Disney	39,874	-2%
15	16	Cisco	34,575	8%
16	11	GE	32,757	-26%
17	18	Nike	30,120	11%
18	19	Louis Vuitton	28,152	23%
19	17	Oracle	26,133	-5%
20	20	Honda	23,682	4%
21	21	SAP	22,885	1%
22	22	Pepsi	20,798	2%
23	NEW	Chanel	20,005	—
24	27	American Express	19,139	8%
25	24	Zara	17,712	-5%
26	30	J.P.Morgan	17,567	12%
27	25	IKEA	17,458	-5%
28	26	Gillette	16,864	-7%
29	29	UPS Logistics	16,849	3%
30	23	H&M	16,826	-18%
31	28	Pampers	16,617	1%
32	32	Hermès	16,372	15%
33	31	Budweiser	15,627	2%
34	37	Accenture	14,214	14%
35	33	Ford Automotive	13,995	3%
36	35	Hyundai	13,535	3%
37	36	Nescafe	13,053	3%
38	34	eBay Retail	13,017	-2%
39	51	Gucci	12,942	30%
40	39	Nissan	12,213	6%

図 4-4　Best Japan Brands 2019（Japan's Best Global Brands 2019）

2019ランク	2018ランク	Brand	ブランド価値（US million $）	前年比
1	1	Toyota	53,404	6%
2	2	Honda	23,682	4%
3	3	Nissan	12,213	6%
4	4	Canon	10,380	6%
5	5	Sony	9,316	10%
6	6	MUFG	6,807	1%
7	7	Panasonic	6,293	5%
8	8	UNIQLO	6,235	19%
9	10	Nintendo	4,696	19%
10	9	Subaru	4,214	5%
11	12	SMBC	3,335	-2%
12	13	Bridgestone	3,324	10%
13	14	Mizuho	2,410	-10%
14	NEW	Kao	2,340	11%
15	18	Shiseido	2,324	30%
16	17	Suzuki	2,270	23%
17	15	Tokio Marine	1,999	4%
18	19	Komatsu	1,798	16%
19	16	Mazda	1,728	-8%
20	20	MUJI	1,599	15%
21	21	Daikin	1,518	11%
22	23	Unicharm	1,387	12%
23	22	Shimano	1,294	3%
24	24	Hitachi	1,201	6%
25	27	Yamaha**	1,195	20%
26	28	DENSO	1,133	14%
27	26	Mitsubishi Electric	1,053	0%
28	31	Yakult	918	6%
29	30	Ricoh	906	3%
30	39	OMRON	872	15%
31	25	ASICS	857	-24%
32	34	Ajinomoto	852	10%
33	32	Nomura Holdings	845	5%
34	35	Kikkoman	844	9%
35	29	Nikon	843	-6%
36	37	Isuzu	819	8%
37	38	Kubota	802	6%
38	33	Fujitsu	800	2%
39	NEW	Terumo	795	—
40	NEW	Makita	790	—

＊Best Global Brands 2018 にランクインしたブランドはそのブランド価値金額を適用しています。

＊＊ヤマハ発動機株式会社とヤマハ株式会社の両社が展開する Yamaha ブランドの価値を合算し算出しています。

値」の金額を基準に、2000年から毎年グローバルで100のグローバルブランドの金銭的価値を発表している「ブランドランキング」がBest Global Brands（以下BGB）です（図4―3）。またその日本版として、2009年から同じものさしで日本ブランドの金銭的価値を評価し公表しているのが、Best Japan Brands（以下BJB）です（図4―4）。

2 リーディングブランドの理念体系

持続的な成長を遂げるブランドの理念体系

直近のブランド価値のランキングの詳細は、それぞれの表やインターブランドのホームページ（https://www.interbrandjapan.com）を参照いただければと思いますが、10年というレンジで、それぞれのブランドの価値の推移を検証してみると、その成長性に大きな違いが確認されます。図4―5は飛躍的な成長を遂げるグローバルブランドの2009年から10年間のブランド価値の推移を表したグラフとなりますが、Apple、Google、Amazon、Facebookといったいわゆるプラットフォーマーと呼ばれるグローバルブランドが、大きくその価値を上げていることが確認されます。その要因を、ビジネスモデルに求めることもで

図 4-5　飛躍的な成長を遂げるグローバルブランド
（BGB 2009-2018）

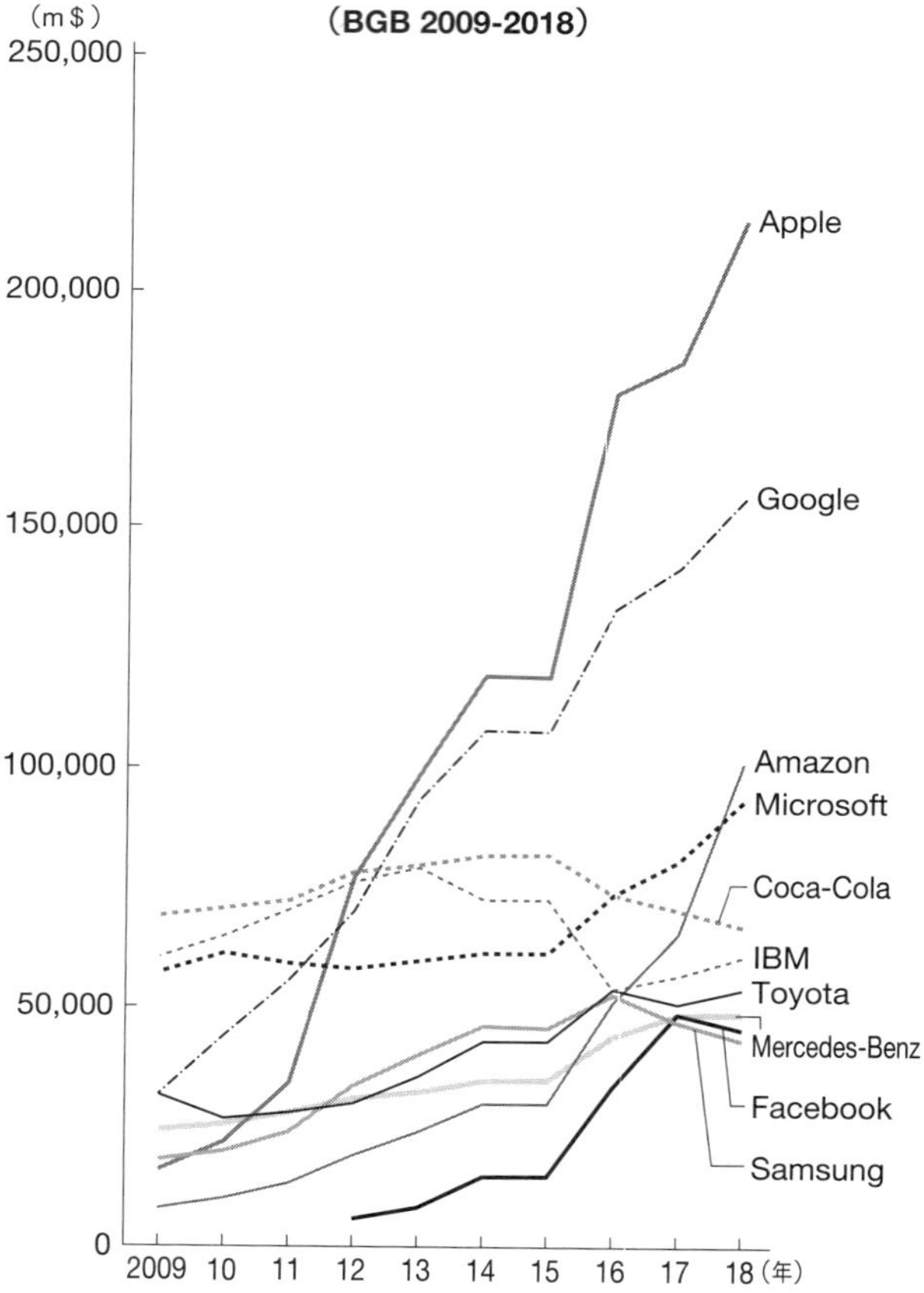

図4-6　グローバル・リーディングブランドの市場からの「期待」

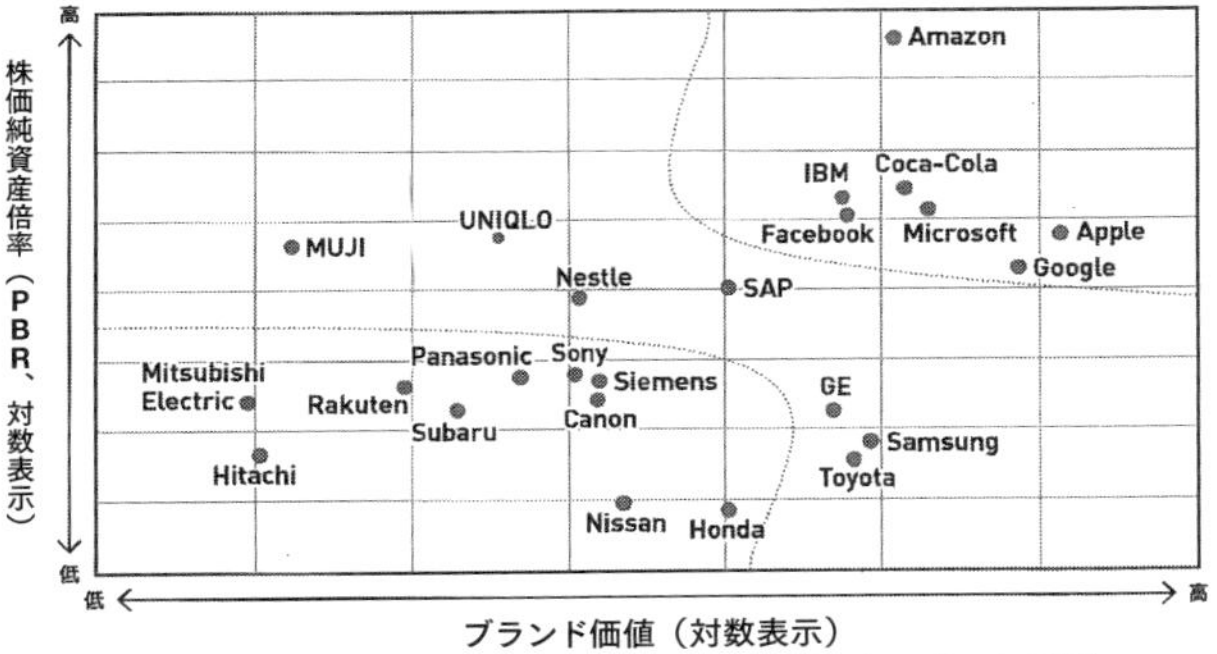

（※ブランド価値は Best Global Brands 2017 および Best Japan Brands 2018）

きるでしょう。しかし、理由はそれだけでしょうか。

図4－6は、縦軸に株価純資産倍率（PBR）、横軸にブランド価値をとり、ブランドランキング（BGB2017, BJB2018）のブランド価値金額をプロット（対数表示）したものです。多くのグローバル・リーディングブランドがグラフの上方向に位置し、市場や社会からの「期待」の大きさを反映する状況となっていますが、その一方でBGBにランクインするグローバルブランドを含めて、多くの日本ブランドは左下にとどまっています。

ブランドに対する市場や社会からの「期待」の根幹の一つに、それぞれのブランドが掲げる理念体系やブランドの中核概念があります。その明瞭さの違いが「期待」の差に表れている面があるのではないかと筆者は考えています。

前述のサントリーグループのように「プロミス」として対外的に公表されている企業もあれば、ブランドプロミスは社内だけで共有し、対外的には企業の「ミッション」や「バリュー（提供価値）」をうたい、社会や様々なステークホルダーとの「約束」としている企業も多く存在します。ここでは、それらの企業理念や、ミッション、ビジョンなど対外的に発信している中核概念を「理念体系」と表して、解説を進めていきます。

図4－6の右上に位置するBGBの上位にランクインする主要ブランドの理念体系をみると、共通する傾向として、これらのリーディング企業の理念体系は、きわめて簡潔明瞭、かつブランドの独自性やビジネスとの関連性が高い傾向にあることがわかります（図4－7）。それに比較すると、日本ブランドの理念体系は、抽象度が高く、難解なものが多いように思われます（図4－8）。

例えば、Google は Mission として“To organize the world's information and make it universally accessible and useful.”「世界中の情報を整理し、世界中の人々がアクセスできて、使えるようにする」という理念を掲げています。このフレーズを耳にしたことがある読者も多いのではないでしょうか。一般にも浸透するほどに、わかりやすいブランドプロミス

図 4-7　主なグローバルブランドの理念体系

Brand	理念体系項目	理念体系の内容
Google	Mission	To organize the world's information and make it universally accessible and useful. （世界中の情報を整理し、世界中の人々がアクセスできて、使えるようにする）
Amazon	Mission	to be Earth's most customer-centric company, where customers can find and discover anything they might want to buy online, and endeavors to offer its customers the lowest possible prices. （地球上でもっともお客様を大切にする企業であること、地球上で最もお客様を大切にする企業を目指しています。そしてその企業はお客様がオンラインで買いたい物を何でも探し、見つける事ができ、それをお客様にできる限り安く提供できるよう努力します。）
	※Transformations ※Our Innovations	（Amazonが人々の暮らしをどう変革したか/しようとしているか、それらを実現する独自のイノベーションについて記載）
Facebook	Mission	Give people the power to build community and bring the world closer together. （人々にコミュニティ構築の力を提供し、世界のつながりを密にする）
Apple	（該当項目無し）	
	（※参考） Business Strategy	The Company is committed to bringing the best user experience to its customers through its innovative hardware, software and services. The Company's business strategy leverages its unique ability to design and develop its own operating systems, hardware, application software and services to provide its customers products and solutions with innovative design, superior ease-of-use and seamless integration. （当社は、革新的なハードウエア、ソフトウエア及びサービスを通じて、お客様に、最高のユーザーエクスペリエンスを提供する事にコミットしています。当社のビジネス戦略は、デザイン、オペレーティングシステム、ハードウェア、アプリケーションソフトウェア、サービスを設計および開発する独自の能力を活用して、革新的な設計、優れた使いやすさ、シームレスな統合を顧客の製品とソリューションに提供します。）
Microsoft	Mission	Our mission is to empower every person and organization on the planet to achieve more. （地球上のすべての個人とすべての組織が、より多くのことを達成できるようにする）
Nestle	Our purpose	Nestle's purpose is enhancing quality of life and contributing to a healthier future. （ネスレの目的は、生活の質を高め、より健康な未来に貢献することです。）
	Our ambitions	We have defined three overarching ambitions for 2030 which guide our work and support the achievement of the UN Sustainable Development Goals. （ネスレは、取り組みの指針となり、「持続可能な開発目標（SDGs）」の達成を支援する、3つの包括的な長期的な目標を2030年に向けて設定しました。）
	Our values	以下、10の項目について、「Business principles」を設定 1.Nutrition, Health and Wellness 1.Quality assurance and product safety 3.Consumer communication 4.Human rights in our business activities 5.Leadership and personal responsibility 6.Safety and health at work 7.Supplier and customer relations 8.Agriculture and rural development 9.Environmental sustainability 10.Water

出典：2019 年 8 月時点の各社公開資料に基づき筆者作成

図 4-8　主な日本ブランドの理念体系

Brand	理念体系項目	理念体系の内容
Toyota	トヨタ基本理念	1. 内外の法およびその精神を遵守し、オープンでフェアな企業活動を通じて、国際社会から信頼される企業市民をめざす 2. 各国、各地域の文化、慣習を尊重し、地域に根ざした企業活動を通じて、経済・社会の発展に貢献する 3. クリーンで安全な商品の提供を使命とし、あらゆる企業活動を通じて、住みよい地球と豊かな社会づくりに取り組む 4. 様々な分野での最先端技術の研究と開発に努め、世界中のお客様のご要望にお応えする魅力あふれる商品・サービスを提供する 5. 労使相互信頼・責任を基本に、個人の創造力とチームワークの強みを最大限に高める企業風土をつくる 6. グローバルで革新的な経営により、社会との調和ある成長をめざす 開かれた取引関係を基本に、互いに研究と創造に努め、長期安定的な成長と共存共栄を実現する
Honda	2030年ビジョン	これからも新しいチャレンジに取り組み、お客様から存在を期待される企業であり続けるために、創業100年を超える2050年を見据え、2017年に「2030年ビジョン」を策定しました。「すべての人に生活の可能性が拡がる喜びを提供する」という、ビジョンのステートメント実現を目指し、Hondaは、「クリーンで安全・安心な社会へ」、「移動と暮らしの価値創造」、「多様な社会・個人への対応」の3つの方向性に沿った、さまざまな取り組みを進めています。
Canon	Corporate Philosophy & Spirit（企業理念・キヤノンスピリット）	共生 キヤノンの企業理念は、『共生』です。私たちは、この理念のもと、文化、習慣、言語、民族などの違いを問わず、すべての人類が末永く共に生き、共に働き、幸せに暮らしていける社会をめざします。しかし、経済、資源、環境など... 現在、地球上には共生を阻むさまざまな問題があります。キヤノンは、共生に根ざした企業活動を通じて、これらを解消するため、積極的に取り組んでいきます。 真のグローバル企業には、顧客、地域社会に対してはもちろん、国や地域、地球や自然に対してもよい関係をつくり、社会的な責任を全うすることが求められます。キヤノンは、「世界の繁栄と人類の幸福のために貢献していくこと」をめざし、共生の実現に向けて努力を続けます。
Panasonic	ブランドスローガン	A Better Life, A Better World 私たちパナソニックは、より良いくらしを創造し、世界中の人々のしあわせと、社会の発展、そして地球の未来に貢献しつづけることをお約束します。
	経営理念	綱領：産業人たるの本分に徹し社会生活の改善と向上を図り世界文化の進展に寄与せんことを期す 信条：向上発展は各員の和親協力を得るに非ざれば得難し各員至誠を旨とし一致団結社務に服すること 私たちの遵奉すべき精神：産業報国の精神、公明正大の精神、和親一致の精神、力闘向上の精神、礼節謙譲の精神、順応同化の精神、感謝報恩の精神
Sony	Purpose（存在意義）	クリエイティビティとテクノロジーの力で、世界を感動で満たす。
	Values（価値観）	•夢と好奇心　/夢と好奇心から、未来を拓く。 •多様性 /多様な人、異なる視点がより良いものをつくる。 •高潔さと誠実さ /倫理的で責任ある行動により、ソニーブランドへの信頼に応える。 •持続可能性 /規律ある事業活動で、ステークホルダーへの責任を果たす
Hitachi	Mission（ミッション企業理念）	優れた自主技術・製品の開発を通じて社会に貢献する
	Vision（日立グループ・ビジョン）	日立は、社会が直面する課題にイノベーションで応えます。優れたチームワークとグローバル市場での豊富な経験によって、活気あふれる世界をめざします。
	Values（日立創業の精神） Conduct Guideline（行動指針） Code of Conduct（行動規範）	•日立創業の精神：和・誠・開拓者精神 •8つの項目が「行動指針」として定められている一方で、日立グループにおいて共通として適用される具体的な行動規範として「日立グループ行動規範」が制定されている
Uniqlo（ファーストリテイリング）	ステートメント	服を変え、常識を変え、世界を変えていく
	ミッション	•本当に良い服、今までにない新しい価値を持つ服を創造し、世界中のあらゆる人々に、良い服を着る喜び、幸せ、満足を提供します。 •独自の企業活動を通じて人々の暮らしの充実に貢献し、社会との調和ある発展を目指します

出典：2019 年 8 月時点の各社公開資料に基づき筆者作成

といえるでしょう。

また Facebook は、"Give people the power to build community and bring the world closer together."「人々にコミュニティ構築の力を提供し、世界のつながりを密にする」と2017年にMission の変更を行っています。「これまで人々につながるためのツールを提供すれば世界は自然と良くなっていくと考えていたが、社会はいまだに分断されており、単に世界をつなげるのではなく、そのつながりをより強めるための努力が必要だ」（マーク・ザッカーバーグ）という意図が背景にあるようです。

3 ビジネスとブランドの成長と理念体系

理念体系の類型

先のグラフでプロットした主なブランドの理念体系を類型化したのが図4－9です。それぞれの理念体系が示す内容によって、「どんな企業になりたいか（企業目標型）」「どんな事業価値を提供したいか（事業価値型）」「どんな社会価値を提供したいか（社会価値型）」に大別することができます。それぞれの規定の記載内容の「具体性」は、企業によってばらつ

図 4-9　理念体系の類型

	企業目標型 ➡	事業価値型 ➡	社会価値型	
理念の記載内容	どんな企業になりたいか	どんな事業価値を提供したいか	どんな社会価値を提供したいか	
			社会課題対応	社会変革
具体的	Simens	GE, IBM, Cocacola, SONY, Nissan	Nestle, SAP	Apple, Amazon, Google, Facebook, UNIQLO
抽象的	Mitsubishi Electric	Microsoft, Honda, Hitachi	Toyota, Canon, Panasonic, Rakuten	

きがありますが、多くの日本企業の理念体系の抽象度は高いものとなっています。

また、経済価値だけをひたすら追求するモデルがリーマンショックの後で破綻したことで、持続的な成長の観点から、理念体系やブランドの中核概念を企業目標や事業価値を軸に据えるものから、社会価値にシフトしてきている点も一つの潮流となっているように思われます。

つまり、持続的に成長するブランドの掲げる理念体系に共通する特徴として、グローバル企業、日本企業ともに、「社会やくらしの変革・実現」をうたい、その具体的な内容や世界が明確に規定されていることが確認されます。成長ブランドの理念体系は「どんな社会価値を提供したいか」が実際のビジネス活動に落としこまれている「社会

図 4-10　成長ブランドの理念体系の特徴

「社会変革型」	Apple, Amazon, Google, Facebook, UNIQLO など
WHAT	実現したい「未来社会」が明確化され、具体的な事業に落とし込まれている
HOW	簡潔明瞭な価値観や行動基準が設定されている

「社会課題解決型」	Nestle, SAP など
WHAT	CSVやSDGsなどで明確な「社会課題解決」が設定され、それらが事業と密接に結びついている
HOW	シンプルな「価値観」や「行動基準」を設定している

変革型」か「社会課題解決型」が多いといえます（図4－10）。

残念ながら、現在多くの日本企業の理念体系は、類似する複数の項目から構成された複雑な体系となっているケースが多く見受けられます。特に明確な「Vision」（あるいはこれに相当する理念項目）を示す事例が少なく、「実現を目指す世界」を明示しているものは極めて稀な状況です。

また複雑な理念体系はグローバル化が加速する事業体において、（外国語化の難しさや、その翻訳のクオリティの問題も含めて）海外の投資家も含めた社内外のステークホルダーへの理解が進まず、結果としてブランドへの「期待」につながりにくい状況となっているのではないでしょうか。

すべてのステークホルダーに伝わるシンプルかつ明瞭な理念の重要性

前述のインターブランドのブランド価値評価モデルでは、「ブランド強度」を測る10指標の一つであるClarity（概念明瞭度）は、ブランドの中核概念が明瞭になっており、社内でしっかり理解、共有されているかという点を重要な評価指標としています。ブランドプロミスなどのブランドの中核概念は、「Clarity（概念明瞭度）」の評価の基軸をなし、ブランドマネジメントにおけるまさに一丁目一番地にあたるものなのです。

過去の事業活動の結果による認識から顧客に一定の独自イメージやブランドに対する理解がされていても、社内でブランドの中核概念が明確に定義、理解されていないブランドは、短期的で部分最適なプロモーション展開の実施や、一貫性が欠如した従業員の対応などを引き起こしやすく、その評価を長続きさせることは困難です。

逆に、Appleのように、創業者によって「実現したい世界」をシンプルかつ明確に、様々なステークホルダーにも共有される理念が残された場合（それが明文化されていなくても）、創業者が去った後も、従業員をはじめ社内外のステークホルダーのブランドへの理解に揺るぎは生じにくいと考えられます。

第3章では、ブランディングの根幹として必須かつ最も重要な要件となるものが、すべての活動の起点となる「中核概念」の策定であることを説明しました。また、すべての活動の拠り所として機能するべきものであり、そのブランドが「何をすべきか」、または「何をすべきではないか」の基準を定めることでもあることを解説しました。それは、社内だけにとどまらず、社外の顧客をはじめとして様々なステークホルダーにも簡潔明瞭に伝わり、理解しやすいものでなければなりません。事業活動がグローバル展開している企業であれば、そのステークホルダーは海外に及ぶことはいうまでもありません。

事業再編やM&Aなどを契機とした積極的な海外展開など、企業ブランドを見直す必要に迫られる局面は、その事業活動を通じて実現を目指す世界はどのようなものなのか、中核となる理念を考える好機です。

近年、2015年の国連サミットにおいて全会一致で採択されたSDGsを企業活動の目標に据える日本企業の動きが活発化しています。そもそも日本では古くから「三方よし」や「論語とそろばん」といった考え方が経営理念の根幹となっています。社会価値の追求を通じて、経済価値を創造するというCSV（共通価値の創造）モデルは、日本が再びグローバル成長の牽引役に躍り出る可能性を示すモデルであると言うこともできるでしょう。

百年に一度といわれる大変革期において、ビジネスとブランドの持続的な成長をもたらすものは何か。それは技術やイノベーション、品質、環境対応といった手段（HOW）だけではありません。むしろ重要なのは、それらを駆使して未来にどのような社会や世界を創造するか（WHAT）をシンプルかつ明瞭に掲げること。

明示する新しい世界が、ワクワクするような魅力に満ちている限り、そのブランドはすべてのステークホルダーから愛され続けるはずです。

第5章

ブランディングの推進

1 ブランドプロミスを起点とした顧客体験の構築

ブランドプロミスがすべての活動の起点

第3章、第4章を通じて、ブランディングにおけるブランドプロミスや理念体系の重要性について説明してきました。本章では、いよいよブランディングの実行のフェーズについてご紹介しましょう。

ブランドプロミスを起点に、実際のビジネスの活動を通して、ブランドの目指す姿を一つひとつ具現化していくのが、ブランディングの推進フェーズです。ブランディングの全体像を示した図5－1の右半分がそれにあたります。

ブランドプロミスの社内浸透が体験づくりの必須要件

では、ブランドプロミスを目に見える形に具現化していくためにはどうすればいいのでしょうか。図5－2をもとに、ブランドプロミスが、顧客の頭の中で知覚形成されるまでの一連のプロセスを解説しましょう。

図5-1　ブランドプロミスが活動の起点

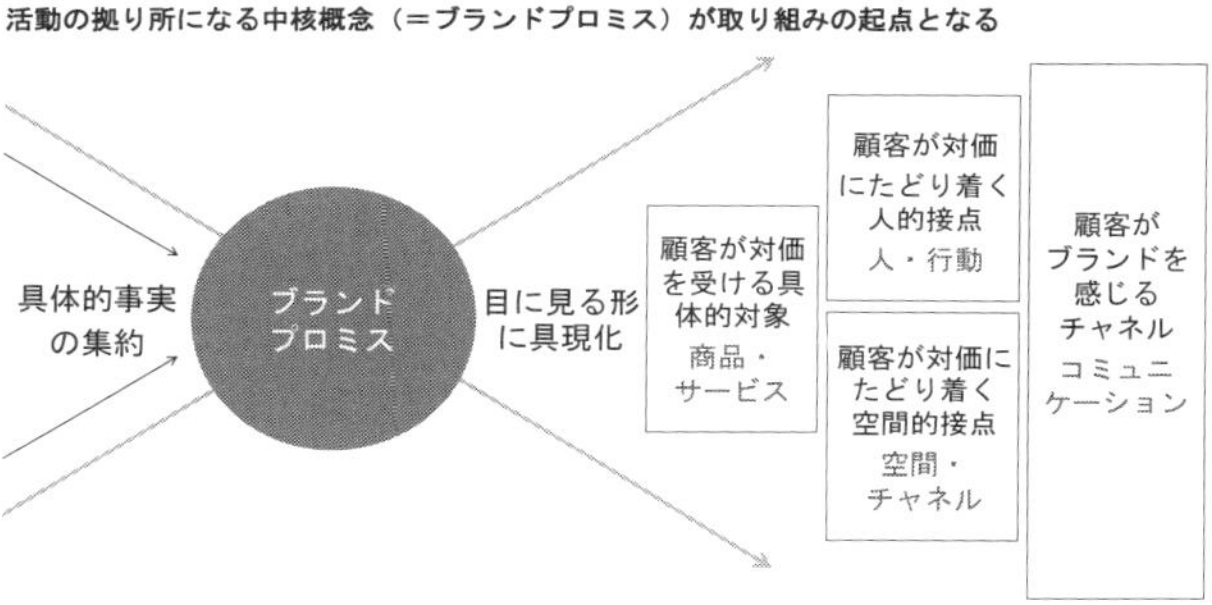

図5-2　社内の理解浸透がブランディングの起点

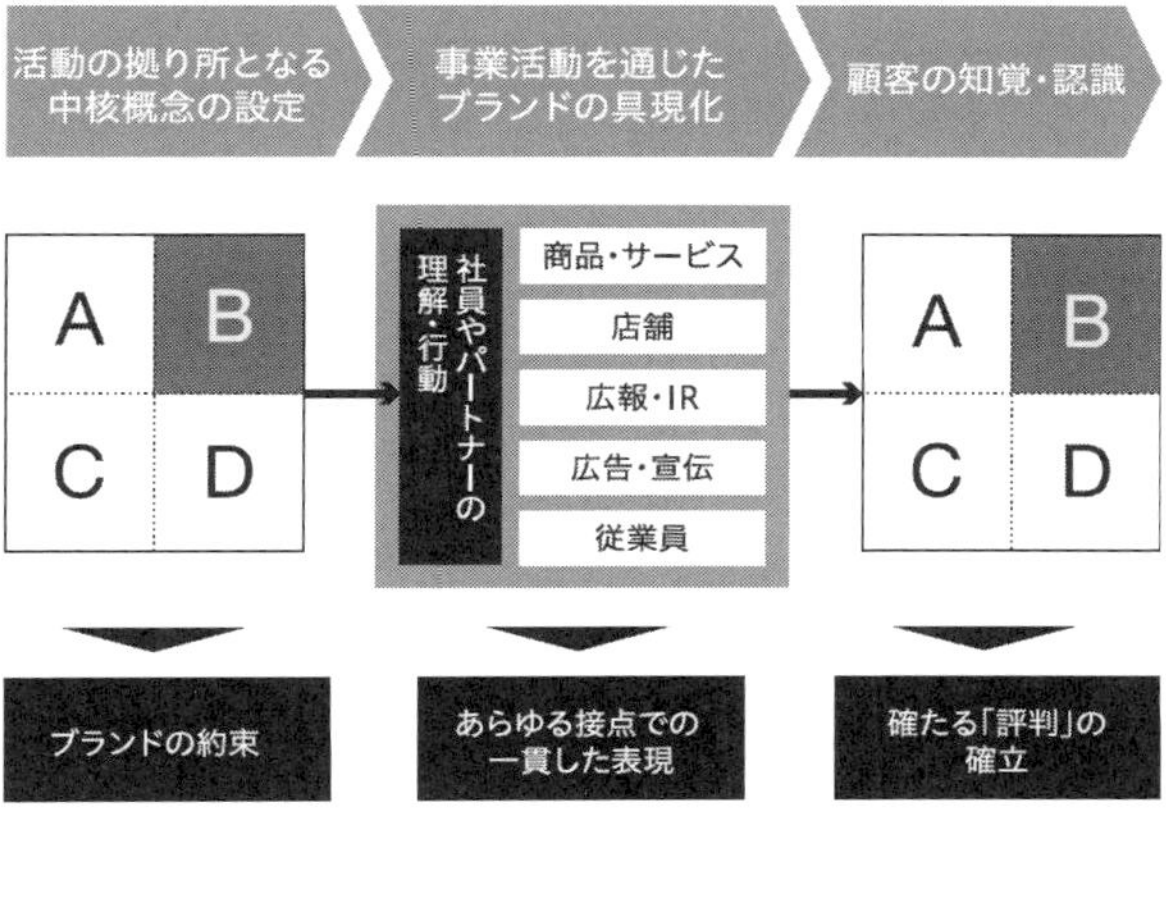

「ブランドの約束」として定められたブランドプロミスが図の「B」だとします。ブランドプロミスはBであることを最初にしっかり理解してもらう対象は、社員に他なりません。社員全員にブランドプロミスがAでもCでもDでもなく、一様にBであることをしっかり理解、浸透させることが、最初に取り組むべきことです。

この部分が中途半端な状態で事業活動が進められると、どうなるでしょうか。商品開発を担当する社員がAの考え方で、広告宣伝を担当する社員がCの考え方で、それぞれの業務を推進し、その活動が顧客に伝わってしまう、つまりそれぞれの接点で展開される活動がバラバラになってしまう状況では、顧客の頭の中で明確な知覚が形成されようがありません。

ブランドプロミスは、社員による様々な活動を通して顧客との接点に展開され、その価値が顧客に適切に伝わることで初めて、顧客の頭の中に知覚として形成され、最終的には経済的な価値を創出することにつながります。

だからこそ、ブランドプロミスがまず社員にしっかり理解され、製品・サービス、社員の行動、空間・環境とチャネル、コミュニケーション、それぞれのタッチポイント（接点）で体現されることが、ブランディング実践の第一歩となります。

ブランド体験の開発

序章で解説をした通り、ひと昔前には、ブランディングはＣＩ（コーポレート・アイデンティティ）開発と同義に捉えられ、企業の新しいロゴデザインを開発することを軸としたデザイン展開などが対象となっていました。もちろんブランドを表現するという点において、デザインシステムの開発やその展開は重要です。しかし顧客の知覚形成においては、それだけでは不十分です。

なぜなら顧客は、そのブランドに接する（体験する）様々なタッチポイントの事業活動を通して、そのブランドの「らしさ」を知覚するからです。ブランドネームやタグライン、ブランドシンボルなどは、その評判の受け皿（ブランドのインフラ）のひとつとしての役割を担いますが、顧客がブランドを知覚するのはすべての体験――つまり、商品やサービスの魅力であり、空間や環境であり、社員一人ひとりなのです。ここにも、ブランディングがすべてのビジネス活動を総動員して推進する活動である所以《ゆえん》があります。

スターバックスのブランド体験開発

前述の通り、インターブランドでは「クアドラントモデル」という手法を用いて、タッチポイントを四つの枠組みに分けてマネジメントしています。ここでは、ブランディングの推進、特にブランドの体験開発について、スターバックスのケースをもとに、そのあり方を考えてみましょう。スターバックスは、世界中に多くのファンを持つコーヒーチェーンであり、インターブランドが発表するグローバルのブランドランキング Best Global Brands においても、毎年Top100に名を連ねるグローバル・リーディングブランドの一つです。

スターバックスは、企業理念である Our Mission を、「人々の心を豊かで活力あるものにするために――ひとりのお客様、一杯のコーヒー、そしてひとつのコミュニティから」と定め、Our Mission を達成するための五つの行動指針を Our Values として明文化しています（図5－3）。Our Values に「パートナー」と記載されているのは、全従業員を指し、そこに経営幹部、正社員、アルバイトの区別はありません。ブランドをともに築き上げていく「パートナー」が Values の最初に記載されている点にも、社内を重視している姿勢を感じることができます。

スターバックスは、Values にも記載される「居場所」、つまり自宅でもオフィスでもない「第三の場所（Third Place）」を提供することをブランドの中核概念として、「スターバック

図5-3　スターバックスの Our Mission and Values

OUR MISSION

人々の心を豊かで活力あるものにするために―
ひとりのお客様、一杯のコーヒー、そしてひとつのコミュニティから

OUR VALUES

私たちは、パートナー、コーヒー、お客様を中心とし、
Valuesを日々体現します。

お互いに心から認め合い、誰もが自分の居場所と感じられるような
文化をつくります。

勇気をもって行動し、現状に満足せず、新しい方法を追い求めます。
スターバックスと私たちの成長のために。

誠実に向き合い、威厳と尊敬をもって心を通わせる、
その瞬間を大切にします。

一人ひとりが全力を尽くし、最後まで結果に責任を持ちます。

私たちは、人間らしさを大切にしながら、成長し続けます。

ス・エクスペリエンス」と呼ばれる顧客体験を提供し続けています。すべてのタッチポイントを丁寧に、徹底的にマネジメントすることで、高い「ブランド価値」を構築するブランディングを実践しているのです。

ここで、クラドラントモデルに基づいて、「スターバックス・エクスペリエンス」がどのように展開されているか、再確認してみましょう(図5―4)。

①商品とサービス(Products & Services)

商品戦略においては、高級アラビ

図 5-4　スターバックス・エクスペリエンス

カ豆のみを使用し、オリジナル商品を開発しています。また自社スタッフによる「バリスタ」を育成し、徹底的なクオリティコントロールを行っているのも周知の事実です。

またサービス戦略においては雇用形態にかかわらず、パートナーと呼ぶ従業員重視の経営を実践しており、きめ細かなサービスの提供で、「第三の場所」を実現しています。

②空間・環境とチャネル（Environments & Channels）

店舗戦略においては、空間、家具、什器、用具、音楽、パッケージ、店舗内メディアに至るまで一貫したブランド管理を行うために直営店を中心とした運営を貫き、体験価値を高め続けています。

間接照明、緩やかなＢＧＭ、心地よく使い勝手がよい家具、相対的に少ない店舗面積あたりの席数、異なったタイプの席を用意し、リラックスの仕方を選べるレイアウト、いち早く全店に導入したＷｉ－Ｆｉ環境……。これらすべてが「第三の場所」を体現しています。

③人々と行動（People & Behaviors）

スターバックスでは、ブランドをともに築き上げていく「パートナー」として、従業員への教育・訓練を徹底し、サービス品質を向上させる経営を実践しています。あらゆるマーケティング施策の運営面での起点にパートナーがしっかり位置付けられ、徹底した社内浸透活動を展開しています。

④コミュニケーション（Communications）

1971年の創業以来、従来型の広告キャンペーンをほとんど行うことなく、商品、サービス、店舗・空間等、顧客との接点を軸にブランド体験を磨きあげることで高いブランド価値を構築している点が、スターバックスの特筆すべき特長です。マスメディアでの露出も、ほとんどがプレスリリースや取材対応を通してメディアに報道として取り上げてもらうなど、ノンペイドのパブリシティとなっています。また、顧客自身が、自らの「居場所」をSNSなどで発信する主体になるなど、「共創」による話題の増幅が基軸となっています。「ブランディング＝広告コミュニケーション」という認識がいかに的外れ、かつ不十分なものであるか、スターバックスのブランディング活動の成果がそれを教えてくれます。

2 ブランドの表現指針に基づいたクリエイティブ開発

ブランドの「らしさ」の表現開発

先に述べたとおり、ブランドは機能的価値と情緒的価値により成り立っています。いずれか片方だけでは、ターゲット顧客の頭の中に適切な知覚を形成することはできません。ブランドプロミスとともに設定したブランドの表現指針に則った表現（クリエイティブ）が、すべてのタッチポイントで展開され、そのブランド「らしさ」が感じられる顧客体験をつくり出すことが必要です。

クリエイティブ開発において重要なのは、開発の都度、ブランドプロミスやブランドパーソナリティに立ち返り、これらに基づくブランドの表現指針の設定を行うことです。ブランドの表現指針は、ブランドの表現要素の開発や、実際のタッチポイントで展開するクリエイティブ開発において、もし迷うような場面に遭遇した場合では、拠り所として立ち戻るべき起点となります。

図5-5　ブランドの表現要素

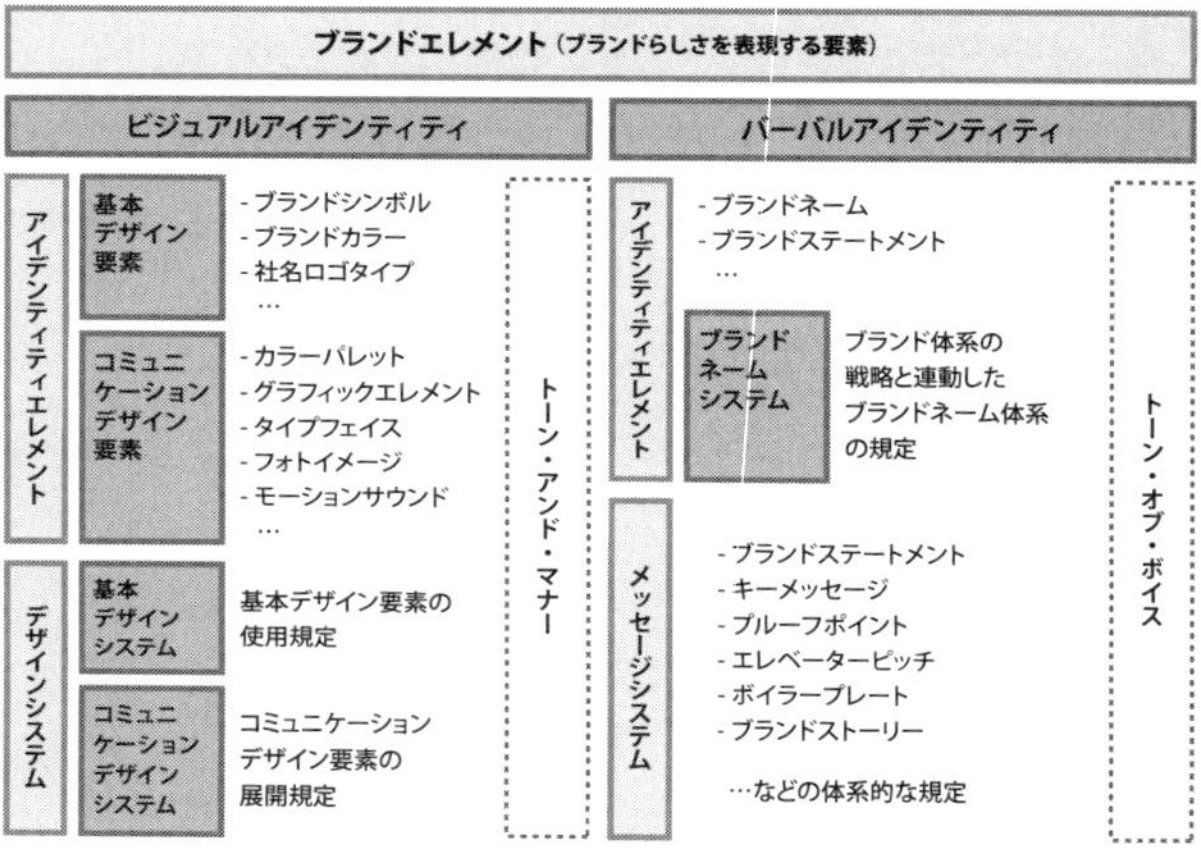

そのブランドの個性として規定した「ブランドパーソナリティ」に基づいて、独自の世界観を規定した写真やキーワードを組み合わせた「ムードボード」などを作成し、競合ブランドとは明確に差別化されたブランドの表現指針を規定しましょう。

図5－4で紹介した「スターバックス・エクスペリエンス」は、その写真からも伝わってくるように、スターバックス「らしい」表現が細かく設定され、それは、ペーパーナプキンなどの細部に至るまで、丁寧に落とし込まれています。そうした情緒的な価値の伝達を伴った活動を通して、ブランドプロミスをすべてのタッチポイントで展開していくことこそが、ブランディングの要諦です。

ブランドの表現指針が定まることで、初めて具体的なクリエイティブ展開に向けて、見え方や言い方などのブランドの表現要素（ブランドエレメント）が定まり、そのブランド「らしさ」を表現する仕組みが整います（図5－5）。

ブランドの表現要素（ブランドエレメント）は、図5－5のように、視覚的な基盤と言語的な基盤に大別され、そのブランドらしい「見え方（ビジュアルアイデンティティ）」や、そのブランドらしい「語り方（バーバルアイデンティティ）」の形成をドライブしていくものになります。

顧客のタッチポイントにおけるブランド体験の把握

ブランドの表現要素を設定する際は、ターゲットとする顧客やステークホルダーが、そのブランドと接するタッチポイントを詳細に把握しましょう。

対象となるブランドのビジネスの領域によって幅はありますが、顧客と接するブランドのタッチポイントといっても、そのカバーする範囲は膨大です。手の中に収まるスマートフォンのディスプレイ画面の中から、ショールームのような空間、あるいはＯＯＨと呼ばれる屋外広告まで、媒体の特性も提供する体験もそれぞれ異なります。それらのタッチポイントに一貫したブランドの「らしさ」を効果的に表現することは容易ではありません。

では顧客は、どのような時に、どのような場面でブランドに触れ、「らしさ」を感じるのでしょうか。顧客のブランド体験を知り、理解するための方法として、「カスタマージャーニー」を分析することが有効です（図5－6）。顧客が実際にそのブランドに触れ、理解を深め、商品であれば手に取り、購入の検討から決定、使用、再購入……といった一連の行動を分析することによって、顧客のブランド体験とタッチポイントの関係がどうなっているかを把握することができます。それによって、重視すべきタッチポイントはどこか、決して外してはいけない接点がどこなのかなど、そのプライオリティを明確にすることが可能となります。

顧客のブランド体験とタッチポイントの関係を詳細に把握した上で、クリエイティブ開発の設計の基準を明確にし、ブランド表現を開発することが重要です。

視覚的な表現基盤の開発

前にも述べたとおり、ブランドの表現要素は、視覚的基盤と言語的基盤に大別されます。

図5-6　カスタマージャーニー

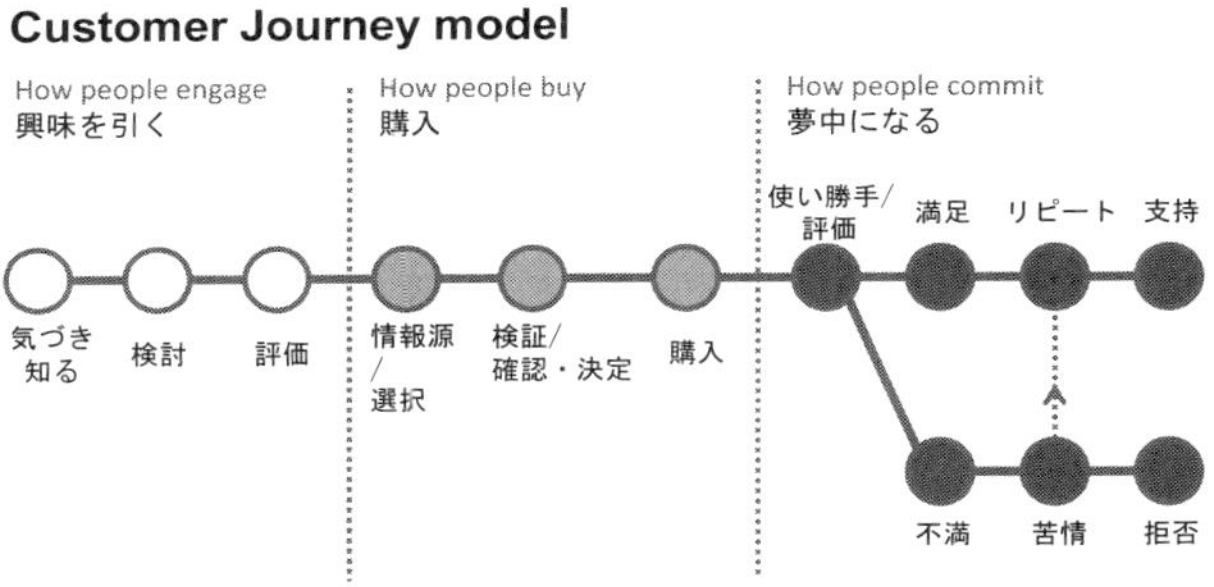

そのうちブランドの視覚的な表現基盤となるのが、ブランドのビジュアルアイデンティティの要素（アイデンティティエレメント）です。まずはこれを開発し、それをシステム化、ルール化していくことが必要です。

ブランドのビジュアルアイデンティティと聞くと、ブランドシンボルの開発を連想される読者も多いでしょう。筆者がこれまでプロジェクトで接した多くの企業経営者層にも、「ブランドアイデンティティ＝ブランドシンボル」という認識の方が多いと実感しています。ブランドのアイデンティティを表現するものとして、ブランドシンボルの重要性に異論を挟む余地はありません。しかし顧客がブランド体験を通して体感した知覚を頭の中にストックしていく器は、ブランドシンボルだけではありません。それ以外にも、ブランドカラーや、カラーパレット、グラフィックエレメントと呼ばれるそのブランド独自のデザイン要素、タイポグラフィ、フォトイメージなど、様々なビジュアル要素が存在します。シンボルデザインも含めた全体的な設定をすることで初めて、効果的に顧客の頭の中に知覚を形成することが可能になります。

「ブランドアイデンティティ＝ブランドシンボル」という認識を前提に、ブランドシンボルになんでもかんでも背負わせるようなブランドシンボル開発プロジェクトの要請を受けることが、実際に存在します。筆者はその際には、顧客が手にする商品パンフレットの表紙を例にとり、そこで表現されるブランドシンボルと商品写真のどちらの表示面積が大きいでしょうか？　などのディスカッションを行います。あえて単純に言えば、そこで表現される写真に「らしさ」が表現されていることの方が顧客の知覚形成に与えるインパクトは大きいのです。ブランドシンボルにも商品の写真にもそれぞれの役割があり、それらを総合的に整合する仕組み化ができて初めてブランドプロミスを伝えることができます。

ブランドのビジュアルアイデンティティ要素を仕組み化し、すべてのタッチポイントに「ヨコ串」を刺して展開し、ブランドを表現していくことによって、それぞれのタッチポイントで展開される事業活動が、顧客が体験を通じて知覚でき、頭の中にストックされる器の役割を果たすことになります。

言語的な表現基盤の開発

視覚的基盤とともに、ブランドの表現要素の核となるのが、言語的基盤です。視覚的基盤同様に、「語り方（バーバルアイデンティティ）」においても、一貫した世界観とメッセージでブランドプロミスを表現することで、コミュニケーション・ターゲットに「らしさ」を伝えることができます。しかしながら、言語的基盤については、ブランドプロミスを起点としたメッセージの仕組み化が、ビジュアル面に比べて、いまだ注力されていないケースが多いのではないかと筆者は感じています。

多くのステークホルダーにブランドプロミスを共感してもらうためには、いくつかの条件をクリアしなければなりません。①覚えやすいこと（簡単に覚えられ、いつでもどこでも思い出せること）、②伝わりやすいこと（人々の間で流通しやすいこと）、③変わらないこと（数多くのコミュニケーションを通しても、形が変わらないこと）、この条件を満たせるのは、「言葉」に他なりません。したがって、ブランディングにおいて言葉（メッセージ）をしっかり仕組み化することは極めて重要なテーマです。

メッセージの仕組み化は、雇用の流動が前提となっている欧米のブランドを支える仕組みとして発達してきた経緯があります。つまり2〜3年で次の会社に転職していく社員を対象として、社員がそれぞれの顧客との接点で、適切なブランドのメッセージを発信できるような方策が必要であったことがその背景です。

その点で言えば、これまで、終身雇用が前提であった日本企業の社員は、時間をかけて先輩社員の背中を見ながらその企業（ブランド）が発信すべき内容を暗黙知として理解していければよかったわけですが、すでにその前提は崩れています。

さらには、日本企業のグローバル化の加速による海外の社員数の増加や、SNSなどで社員が個々に発信していく機会が増えていることなどを背景に、近年この分野のニーズが高まっていることを実感しています。これまでと同様の「阿吽《あうん》の呼吸」では、発信するメッセージの統制をとることができなくなっているこれからの時代、メッセージの仕組み化の重要性は、ますます高まってくるはずです。

バーバルアイデンティティ要素の開発と規定化

視覚基盤の開発と同様に、言語の要素（バーバルアイデンティティ要素）の開発、規定化が必要です。

バーバルアイデンティティといえば、ブランドのネーミングやブランドステートメント、タグラインなどを連想される読者も多いかもしれません。先に紹介した視覚的な基盤におけるブランドシンボルと同様、この分野においても、数文字のブランドスローガンを開発することをブランディングのゴールに設定されるプロジェクトの相談が多いのも実情です。しかし、商標的なリスクを回避しつつ、ブランドが伝えたいことのすべてをワンセンテンスで言い表すことは、ほぼ不可能です。

バーバルアイデンティティ要素には、ブランドネームやブランドステートメントの他に、プルーフポイント（ファクト）やそれに基づいたキーメッセージ、エレベーターピッチ、ボイラープレート、ブランドストーリーなど様々なエレメントがあり、そのブランドにとって有効な要素を規定化することで、社内も含めたステークホルダーに対して、ブランドの目指す姿（ブランドプロミス）を適切に伝達することが可能になります。

ブランドのメッセージシステム

それぞれのバーバルアイデンティティ要素の整合性を取り、体系的に仕組み化したものが「メッセージシステム」です。以下でその仕組みを紹介しましょう。

図 5-7　メッセージシステム

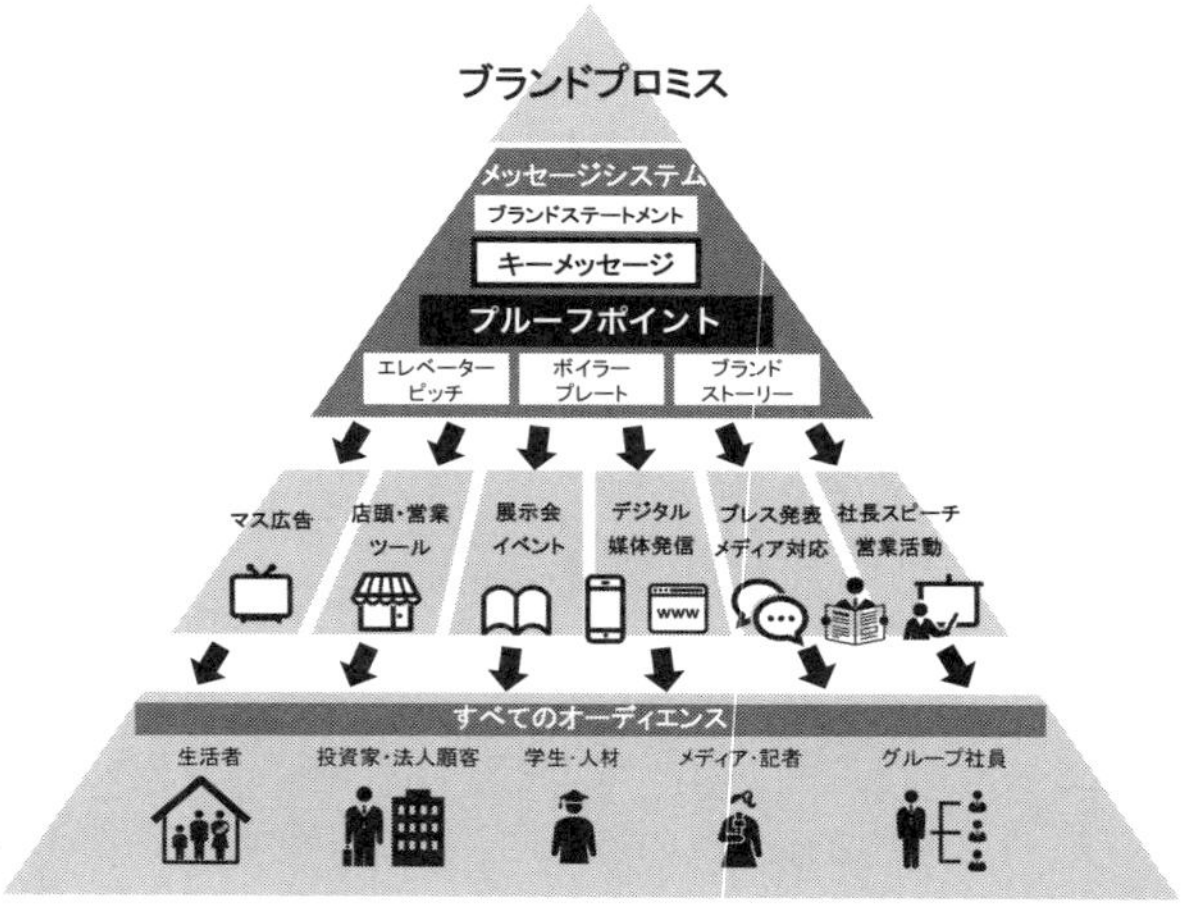

第3章で述べた「Tone of Voice」が、「どう伝えるか（How to say it?）」であるとすると、メッセージシステムは「何を伝えるか（What to say?）」を体系的にまとめたものです。つまり、メッセージシステムとは、様々なタッチポイントにおいて、ブランドのメッセージに整合性・一貫性を持たせるためのガイドとなる仕組みです。例えていうなら、企業広告で表現されるコピーと、社長が決算報告会で投資家に説明するメッセージに一貫性を持たせる仕組みといえばわかりやすいかもしれません。

様々なタッチポイントで発信されるメッセージを体系的に、かつ整合性を担保し規定する仕組みに基づき、ブランドの「目指す姿」（ブランドプロミス）を社内外に伝えるために、どのタッチポイントで、何を、どのように伝えるかを明確に定めることによって、言語面においても、ブランド表現に一貫性を持たせることが可能になります（図5－7）。

プルーフの整理とキーメッセージの開発

メッセージシステムを開発する際に、欠かすことができない要素の一つが、プルーフポイントの整理です。プルーフとは、そのブランドが持つ証明や証拠となるもの、つまりファクトを示します。企業が毎年発表する統合報告書などの参考資料として付記されるファクトシートのブランド版といえばわかりやすいかもしれません。それぞれのブランドには、そのブランド固有の歴史や実績などのファクト（事実）が存在します。これらの多くはブランドプロミスを導出する過程で、「ブランドオーナーの視点」の棚卸しの中でも抽出されるものです。

例えば、発売から50年を迎える食品ブランドであれば、そこには50年間顧客に購入され続けてきた事実が存在します。その事実を裏付けとして「長く愛され続けてきた国民的なブランド」などのメッセージを発信することが可能になるでしょう。言い換えれば、キーとなるメッセージの根拠を論理的に示したものが、プルーフポイントであるといえます。

プルーフポイントが整理されていない状況でよく見受けられるのが、ブランドが発信するメッセージを外部のコピーライターなどに、都度丸投げしているようなケースです。その状況では、コピーライターが変わるたびに一から情報の整理を行うことになり、アウトプットの着眼点やそれに基づくクオリティにばらつきが生じてしまいます。

ブランドが持つ固有のファクトを整理し、そのファクトに基づいたキーメッセージをあらかじめ用意しておくことで、広告制作においては、広告会社やプロダクション、コピーライターが変わっても、一貫したメッセージを発信することができ、無駄なコストの省力化につながります。

ブランドプロミスを言語で適切に伝えていくために、ステークホルダーごと、またはテーマごとに必要となるキーメッセージとその裏付けとなるプルーフポイントをセットで規定し、関係者で共有することで、多くのタッチポイントにおけるメッセージがぶれることなく、一貫した発信が可能となります。

このようなメッセージシステムが備わっていれば、企業広告で表現されるコピーと社長が決算報告会で投資家に説明するメッセージに一貫性を持たせることが可能になります。

そして、そのシステムに基づき、トップを含めた社員全員が自身の活動の場でブランドプロミスを実践し、同時に、顧客をはじめとした社外のステークホルダーに対して、その考え方を的確に浸透させていくことが、ブランディングにとって極めて重要です。

その実現のために大切なのは、発信する内容の「ワンボイス化」に他なりません。狭義の広告コミュニケーションはもとより、自社のウェブサイトやSNSなどのオウンドメディア、展示会、イベント、店舗・空間や営業の最前線のビジネス活動、さらには経営者の発言自体も含めたすべてのタッチポイントにおいて、一貫したメッセージの発信を積み重ねていくことが肝心です。

日本企業の対外的なブランドのコミュニケーション、とりわけ広告コミュニケーションにおいては、個別最適な考え方で、「インパクト」を追い求めてブランドを犠牲にするようなメッセージ発信が少なからず見受けられます。これはブランディングにとって、百害あって一利なしであることはいうまでもありません。

コミュニケーションにおいて、「どう伝えるか（HOW）」以上に重要なことは、「何を伝えるか（WHAT）」であるべきです。ブランドプロミスは、その起点にもなるのです。

ブランドの表現要素のルール化

ビジュアル（視覚的な基盤）とバーバル（言語的な基盤）の表現要素が策定されたら、それらがあらゆるタッチポイントで適切に運用されるために、ブランドの表現要素をルール化し、関係者で共有し、運営していくことが必要です。その役割を担うのが、ブランドのガイドラインです。

現在、多くの企業で制定され活用されているブランドガイドラインのレベルは、おおよそ三つのレベルに分類することができます（図5－8）。

①CIマニュアルとしてのガイドライン

日本企業で一般的に運用されているガイドラインが、CI（コーポレートアイデンティティ）マニュアルやVI（ビジュアルアイデンティティ）ガイドラインです。しかし、ブランドプロミスやブランドパーソナリティにひもづく世界観の規定までが明確にされているものは多くありません。設定されたブランドシンボルの大きさや余白の規定などがあるだけで、そのブランドが実現すべき「らしさ」の判断ができず、タッチポイントにおけるブランド体験づくりに寄与できる点は限定的です。多くはブランド表現の基準にはなり得ず、ブランド

図 5-8　ブランドガイドラインの分類

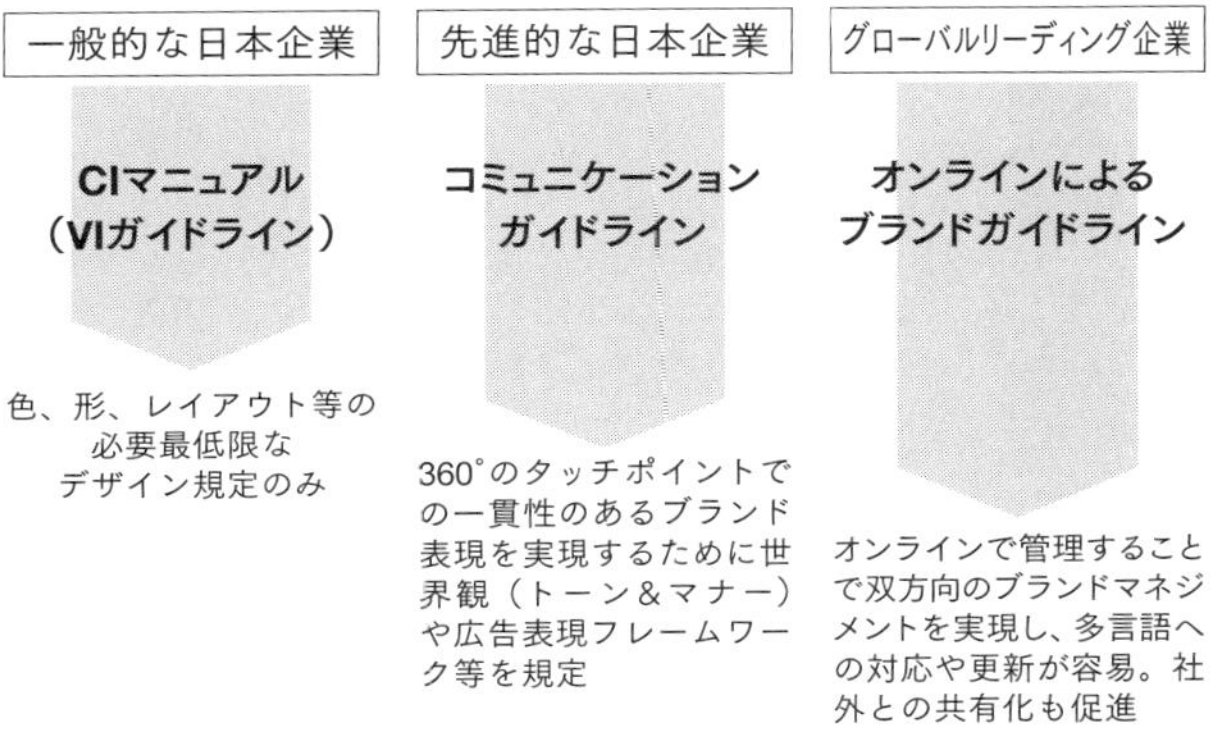
一般的な日本企業
CIマニュアル（VIガイドライン）
色、形、レイアウト等の必要最低限なデザイン規定のみ
先進的な日本企業
コミュニケーションガイドライン
360°のタッチポイントでの一貫性のあるブランド表現を実現するために世界観（トーン＆マナー）や広告表現フレームワーク等を規定
グローバルリーディング企業
オンラインによるブランドガイドライン
オンラインで管理することで双方向のブランドマネジメントを実現し、多言語への対応や更新が容易。社外との共有化も促進

のガイドラインとは次元の異なるものと捉えるべきです。

②コミュニケーション・ガイドライン

CI、VI規定だけではなく、ブランドプロミス、ブランドパーソナリティ、ブランドバリュー等、そのブランド独自の考え方を明確に定めているものが「コミュニケーションガイドライン」です。ブランドプロミスや表現指針に従い、ブランドタッチポイントにおいて一貫したブランド体験を提供するための指針も明示されています。

特に、主要なタッチポイントの一つである広告や、セールスプロモーション活動で使われる様々なツール等においても、どのような表現が妥当であるのか、ブランドとして適切な写真表現や書体選択等についても、制作者が判断できるようにつくられているものです。

近年このようなタイプのガイドラインを有する日本企業が増えています。実際には、制作物に応じてクリエイティブの発注窓口となる担当者が替わるため、一様にベクトルを合わせることは難しくても、定期的に関係者が集まりブランドガイドラインと照らし合わせながら、それぞれの制作物が「On Brand」であるか、「Off Brand」であるかの棚卸し作業を地道に行っている企業も増えています。

③オンラインによるブランドマネジメント・ガイドライン

グローバルリーディング企業のブランドガイドラインはグローバルでの対応を前提としているため、オンラインで管理され、言語も多言語に対応しています。当然のことながら、ブランドプロミスを中心とした自分たちのブランドのあり方についても、深く、しかもわかりやすく表現されています。そこでは、望ましいブランドの世界観を表現するためのアプローチ、ブランドに相応しくない表現のサンプル等、クリエイティブに携わる人間が異なっても表現のベクトルが合うように設計されています。またガイドラインがデジタルコンテンツとしてオンライン上で展開されるため、使用者が必要となる情報の検索性も高く、必要なアップデートも適時行うことが可能なことが特徴です。最近では、ブランドガイドラインをクラウド上で管理することで、世界中の展開拠点からのアクセシビリティの向上とマネジメントコストの省力化の両方を実現する仕組みが主流となりつつあります。グローバルでブランドマネジメントを推進していく上で、ブランドガイドラインのオンライン化はもはや必須と言ってよいでしょう。

ガイドラインの策定に際しては、対象となるブランドを運営する組織の規模や形態、社内の文化的な風土などに適合した仕組みを考えることが重要です。つまり、ブランドのガバナンスに応じた仕組みであることが大前提です。なぜならばブランドガイドラインを開発することがブランディングのゴールではなく、全体戦略としてのブランディングを推進していくためのツールとして機能することが、何よりも優先されなければならないからです。

3 ブランドプロミスの社内浸透

ブランドの社内浸透の重要性

社員一人ひとりが真にブランドプロミスを自分ごと化することができれば、ビジネスのあり方そのものを、ブランドプロミスに適合させることができるはずです。それを実現していくために重要なのが、社内でのブランド浸透活動です。

社員教育の重要性は、あらためていうまでもありませんが、ことブランドの社内浸透の点で大事なことは、社員教育が、ブランドプロミスに基づいているかどうかという点です。必要なことは「一般的な優秀な社員」を育てることではなく、「そのブランドにふさわしい発想をし、その考え方を業務で実践できる社員」を育てることに他なりません。ブランド価値が高いグローバルのリーディング企業は、人材開発を含め、あらゆるビジネス活動において、ブランドプロミスに基づいたマネジメントを行っています。

ブランドの社内浸透活動の実践

ブランドの中核概念として、ブランドプロミスがしっかり社内で共有され、その考え方に基づいた活動をすべての社員が実践することを目的としたブランドの浸透活動には、いくつかの段階とそれに対応した方策が存在します。

社員を対象に、ブランドプロミスの認知・理解を獲得していく段階においては、ブランドプロミスをまとめたブックやビデオ、社内ポスターの掲示やオフィスのラッピング、前述のブランドガイドラインの共有化などを通じた浸透活動が中心となります。

社内でブランドプロミスについての認知・理解が一定の水準に達したら、次に「体質化」「自分ごと化」を進めていくステップに入ります。つまり、ブランドプロミスを社員が自身の業務活動の中で体現していく段階です。しかし、「自分ごと化」と簡単にいっても、それは容易なことではありません。ブランドプロミスに「ブランドオーナー」の一つである社員の意向が反映されていたとしても、全社員が実際の活動にそれを反映できるようになるまでには、複合的な取り組みが必要となります。

必要条件の一つは、その組織のリーダーが先頭でしっかり旗を振ることです。会社であれば経営者が先頭に立って、何度もその重要性を伝え続ける努力が必要です。また経営戦略として不可分な活動であるという認識に立てば、社員の人事評価項目の中に「ブランドプロミスを体現すること」が明記されてもよいでしょう。現実にブランドを経営の基軸に位置付けているいくつかの企業では、人事評価項目の一つにブランドプロミスが明記されています。

ボトムアップでブランディングのプロジェクト化を推進される読者からすると、少し遠い話に聞こえるかもしれません。しかし、ブランディングを事業戦略と対をなす位置に据えることを経営者に理解いただければ、納得のいく施策の一つであるはずです。全社員に自分ごと化してもらう仕組みとして、経営者と粘り強く対話を重ねていただきたいと思います。

人事評価制度に組み込むだけでは、人の気持ちは動きません。なによりも大切なことは、社員一人ひとりが、しっかり腹落ちできることです。そのためには浸透ツールや制度だけでなく、ブランドプロミスを真ん中に置いた対話を重ねることが必要です。忍耐と時間を要する活動ですが、これに勝る特効薬はないといってよいでしょう。筆者がプロジェクトとしてかかわったケースでは、対象となるブランドを運営する組織の規模や形態でその方法は様々ですが、通常業務とは切り離してブランドプロミスのことだけをテーマに話し合うワークショップの設定を行うことは効果的な方法の一つだと実感しています。ワークショップの参加者がブランドのアンバサダーとなり周囲の社員にも伝播していく形をとり、それを何セットも回していくイメージです。既に人事部門が社内研修を設定している企業であれば、その場を活用することも有効です。

いずれにしても、ブランドの社内浸透は一筋縄では進まないテーマであり、トップのコミットメントのもと、粘り強く、継続的な活動を設計することが必要です。その先には競合ブランドと明確な差別化が図られた強いブランドの未来があるはずです。

【ケーススタディ】スターバックス

ブランドプロミスの社内浸透活動の展開とそれぞれのタッチポイントでのブランド体験の実践を考察し、ブランディングの推進について理解を深めるために、スターバックスコーヒージャパンが、2019年2月に開業した旗艦店「スターバックスリザーブ®ロースタリー東京」の開業を契機とした一連のブランディングの活動を紹介しましょう。

先にも説明した通り、スターバックスは、企業理念であるOur Missionを、「人々の心を豊かで活力あるものにするために――ひとりのお客様、一杯のコーヒー、そしてひとつのコミュニティから」と定め、Our Mission を達成するための五つの行動指針を Our Values として明文化し、自宅でもオフィスでもない「第三の場所（Third Place）」を提供することをブランドの中核概念として、「スターバックス・エクスペリエンス」と呼ばれる顧客体験を提供し続けています。

ここでは、それらブランドの中核概念に根ざしたプロモーション展開において、ブランディングがどのように推進されているのかを、ケーススタディとして考察を進めます。

「スターバックスリザーブ®ロースタリー東京」の開業

スターバックスコーヒージャパンは、北米以外の海外初のマーケットとして日本で1996年に開業した日本法人です。同社は、コーヒーの可能性を五感で楽しめる圧倒的な店舗空間を誇る旗艦店「スターバックスリザーブ®ロースタリー東京（以下、ロースタリー東京）」を、2019年2月28日に東京・中目黒に開業しました（図5－9）。シアトル、上海、ミラノ、ニューヨークに続き、東京は世界で5番目の店舗となります。

同社は、その開業を新業態店のオープニング・キャンペーンのレベルの施策にとどめるこ

図5-9　スターバックスリザーブ®ロースタリー東京

とをせず、日本市場におけるスターバックスのブランド価値向上を目的とするブランディングと位置付け、社内外を横断するブランド浸透策をきめ細かく設計、実施しました。それが、ロースタリー東京を起点に、全国1400を超える全店への波及効果を持たせた「Make it Yours」というプロモーションです。

事業活動における課題

ロースタリー東京の開業を控える中、同社は、ブランドの原点であり核ともいえる〝コーヒー〟を打ち出す機会が年間を通じて減っている状況を、ブランディング、マーケティング上の課題として認識していました。社内にはコーヒーに対してもっと取り組みたいというパートナー（同社の経営者を含む従業員の呼称）の熱意が溢れているにもかかわらず、日本市場においては、フラペチーノなどの期間限定で展開する商品とレギュラー商品との販売のバランスも考えていかなければならない固有の難しさがあり、なかなか〝コーヒー〟にフォーカスする機会を増やすことが難しい状況でした。

日本市場での開業以来23年が経過し、ブランドを取り巻く競合環境も変化する中で、あらためて、中核プロダクトでもある〝コーヒー〟を軸にしたリーダーシップの確立が求められていました。

「第2章の幕開け」の社内外浸透を目的としたブランディング

そのような課題意識を背景として、同社は、全社（全店舗）とロースタリー東京の位置付け、関係性を明確に設定し、全社プロモーションの実施期間をロースタリー東京の開業に重ね合わせることで、フォーカスを当てるブランドの差別化要因を、コアである「Coffee」「Personalization」と定めることにしました。

全社とロースタリー東京の位置付けは、旗艦店であるロースタリー東京がピラミッドの頂点にあるものではなく、Innovation Hub として全社の心臓に例えられ、その血液が全社に及ぶ構造として、その関係性を設定しています。

ロースタリー東京開業の担当チームと全社のプロモーションチームが横連動しながら、先にご紹介したOur Mission and Valuesから導き出した「Make it yours」というテーマとそこに込めたビジョン（想い）を設定。スターバックスの強みは、イノベーションを持ちあわせていること、カスタマー一人ひとりに合わせたカスタマイズができることであるとし、それを「Make it yours」と定義しています（図5－10)。さらにバリスタのレベルまで、そのテーマに込めたビジョンが理解できるようにガイドを作成し、営業会議で直接プランナーが語りかけるなどの対話を重ねています。

ブランドの表現指針に基づくガイドラインの作成

「Make it yours プロモーション」（ブランディング）の推進に際し、同社は、スターバックスの基本となるブランド表現指針をベースに、ロースタリー東京開業で盛り上がっているモメンタムに全国の通常店で展開するにふさわしい、コーヒーを軸とするクリエイティブ表現のガイドラインを作成。マーケティング本部が中心となって、プロモーションテーマでありメインコピーである「Make it yours」の書体、カラー、コピーのトーンやそれらの使用法

図 5-10 「Make it yours」プロモーション

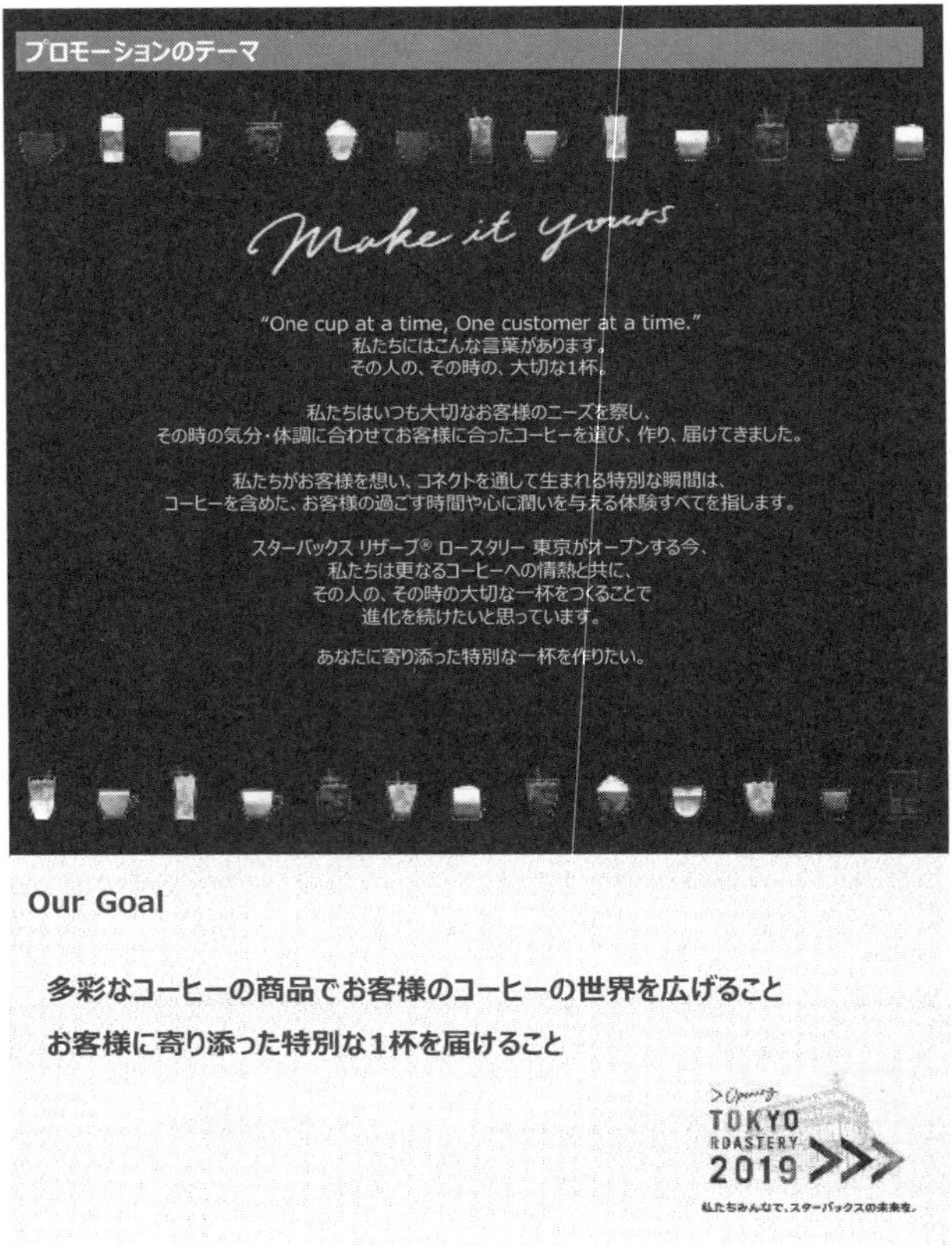

図5-11　Make it yours 紙カップのクリエイティブ

までを詳細に策定することで、全国の1400店以上の店頭が一貫性のあるブランド表現ができる仕組みを構築しています（図5－11）。

タッチポイントごとのブランド体験開発

「Make it yours プロモーション」の期間は、2019年2月28日のロースタリー東京のオープンを起点とする約6週間がメインであったため、期間中にいくつかのヤマを設け、それぞれのヤマでコミュニケーションするタッチポイントに変化を持たせるプランが立案されました。

そのいずれの活動においても、ブランドの差別化要因として定められた「Coffee」「Personalization」が体現された設計となっており、ロースタリー東京の開業をフックとしながら1400店以上の全店で、顧客に新しいブランド体験を提供できるプランとして練り上げられています。

クアドラントモデルによるブランド体験の考察

Make it yours プロモーションにおけるブランディングの推進活動を、クアドラントモデルの四つのカテゴリーに落とし込んで、考察を進めてみましょう。

①商品とサービス（Products & Services）
このプロモーションに合わせて、ロースタリー東京で焙煎した「TOKYOロースト」を象徴的な商品として開発。ロースタリー東京を除く全国の店舗での販売を実施しています。なめらかで深みのあるスマトラ産とラテンアメリカ産コーヒーをブレンドした「TOKYOロースト」のパッケージには、コーヒーチェリーが1杯のコーヒーに結実するイメージ、パ

ートナーを象徴するエプロン、日本の1号店オープンの年である「1996」の文字、ロースタリー東京の外観などが配され、コーヒーへの想いをストーリーとして施す工夫がされています（図5－12）。

これと合わせて、ロースタリー東京にインスパイアされたコーヒーを使った新商品「TOKYOローストムースフォームラテ」を発売し、ロースタリー東京開業に合わせた全国展開も行っています。

図 5-12
ロースタリー東京で焙煎した限定商品 TOKYO ロースト

また、全店舗展開として、各店が考えた1400以上の異なるコーヒービバレッジを店頭とWEBサイトで紹介する「OUR STORE'S COFFEE」を実施。同時に、社内のKPIとして、各新商品の売り上げに加えて、エスプレッソカテゴリー全体の売り上げ目標や、パートナーからのコメント、メディア露出の量と内容など社内外の評価軸を設けた活動を推進しています（図5－13）。

図 5-13　各店のオーナーシップを発揮した
「OUR STORE'S COFFEE」の活動

②空間・環境とチャネル（Environments & Channels）

このプロモーションにおいて、スターバックスが改めて〝コーヒー〟にフォーカスしていく「第2章の幕開け」を象徴的に伝えていく核の役割を担っているのが、ロースタリー東京です。

スターバックスのコーヒーへの情熱をかたちにしたロースタリー東京は、焙煎から様々な抽出法で提供するこだわりの一杯になるまでの過程や、コーヒーについての様々な情報のすべてにおいて五感で感じる「のめり込むような体験」ができる場所であり、まさにブランドのミッションである「ひとりのお客様、一杯のコーヒー、そしてひとつのコミュニティから」を具現化したものとなっています。

図5-14　ロースタリー東京の象徴「カッパーキャスク」

その外観デザインは、日本を代表

する建築家である隈研吾氏によるもの。日本の自然美に敬意を込めた明るい色合いの木材を基調にし、内装デザインを担当したスターバックスデザインスタジオとのコラボレーションにより、美しい日本の職人技による現代的なデザインの粋を集めた店舗として存在感を放ち、「ブランド体験」の情報発信の核としての役割も果たしています（図5－14）。

③人々と行動（People & Behaviors）

このプロモーションでは、ロースタリー東京の「圧倒的なコーヒー体験の情報発信」をどのようにして1400店舗とつなげていくかが、大きなチャレンジとなっていました。ロースタリー東京は、開業前の社内外浸透活動の一環として、コンストラクションイベント（建設関連会社への感謝イベント）や、コミュニティリーダーズイベント（近隣の住民・市区長を招いたイベント）を計画していましたが、それとは別に、全国のストアマネージャーとオフィス勤務社員をロースタリー東京に集めた社内研修を行うことを決断。経営者が先頭に立つ形で、3日間、各回1時間、全13セッションのワークセッションを実施。全国1400店を超えるストアマネージャー全員へのブランド浸透活動を実現しています（図5－15）。

プロモーション実施後のパートナーアンケートでは、「ロースタリー訪問イベントは、自

図 5-15　ロースタリー東京でのストアマネージャー研修

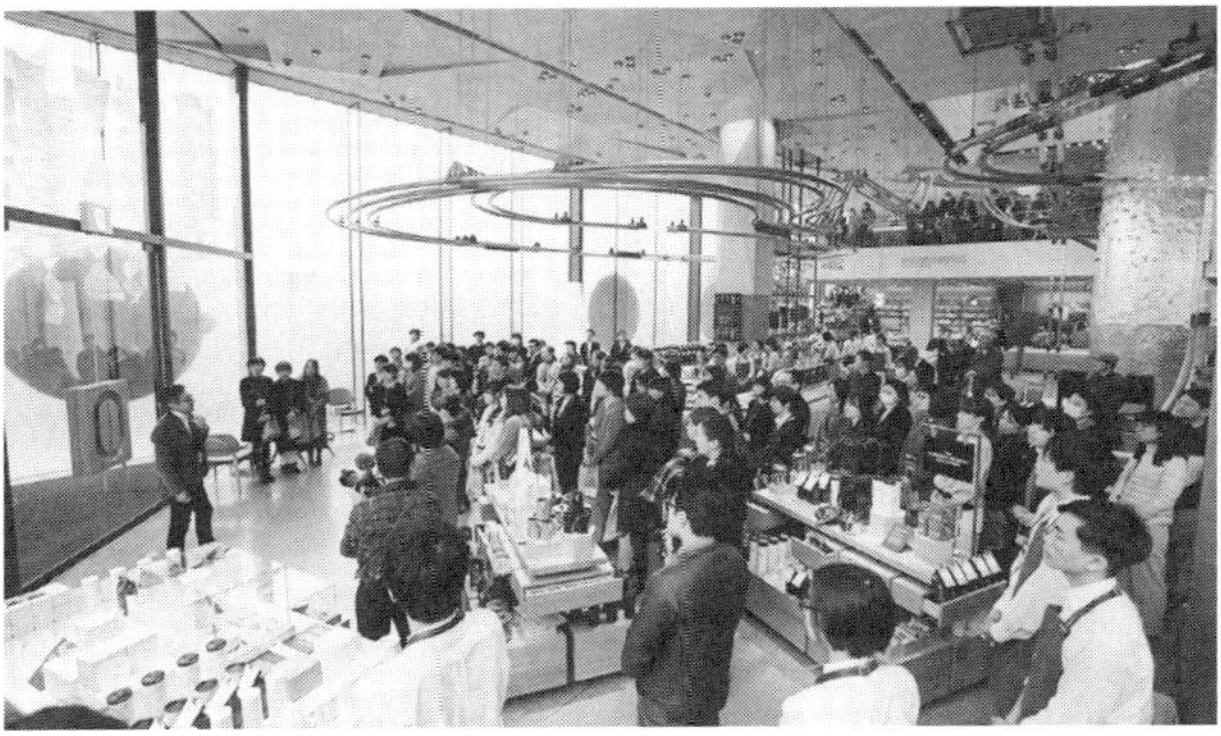

社の価値を改めて感じられた」など、ブランドのコアとスターバックスで働くことへのプライドを再認識する成果をもたらし、社内の再活性にもつながった、というコメントも寄せられています。

また、ロースタリー東京をInnovation Hubとして、全店舗との人材ローテーションを推進することで、コーヒーの可能性を五感で楽しめる圧倒的な店舗空間を誇る旗艦店での職場体験を通じたブランドの中核概念を全店舗に波及、浸透させていく仕組みも設計されています。

④コミュニケーション（Communications）

「Make it yours プロモーション」では、対外的なコミュニケーション展開においても、プロモーションの目的に対して忠実かつ精緻な準備と設計が行われました。

プロモーション関連のツールなどのデザイン面での仕組み化については、前述のとおりですが、言語基盤としてもブランドの中核概念を基軸に、必要となるメッセージシステムが随所に、的確に設定されています。

例えば、報道資料に付随するファクトシートも「スターバックスリザーブ®ロースタリー」だけではなく「コーヒー」「デザイン」「マーチャンダイジング／パッケージフード」「プリンチ®（イタリアンベーカリー）」「AMU TOKYO（インスピレーションラウンジ）」などそれぞれについてのプルーフポイントが整理され、ブランドの中核概念とこのプロモーションの目的がつながったメッセージングが行われています。

そして、ロースタリー東京の開業の報道資料は、次の文章で締めくくられており、コミュニケーションの領域においても、全社活動としてのブランディングが文脈化されています。

（以下、報道資料抜粋）
スターバックスコーヒージャパンは、誇りを持ってグリーンエプロンを身に着ける全国47都道府県の約40000人のパートナー（従業員）とロースタリーで働く約250人をつなぐことで、コーヒーの新たな可能性の創造や革新をさらに大きなものにしてまいります。世界中の希少なスターバックスリザーブ®コーヒーをロースタリー東京で日々焙煎し、また、ここで焙煎されたコーヒーを全国のスターバックス店舗へも展開し、新しいビバレッジやコンセプト、そして心に活力を与えるような瞬間に変え、日本全国のお客様にお届けします。ロースタリー東京のオープンと同日に全国のスターバックス店舗で発売される日本限定のコーヒー「ＴＯＫＹＯロースト」や「ＴＯＫＹＯロースト ムース フォーム ラテ」がその考え方を反映したものの第一弾となります。

また、全店舗での展開に向け、プロモーションテーマの浸透や各商品のストーリーについて、現場への落とし込みのためのガイドブック（プロモーションガイド）、テーマが印刷された紙カップ（QRコードを載せ、特設ページに飛べる仕組み）、ウィンドーステッカーなどのツールも全店に導入しました。

また、ロースタリーで焙煎したコーヒー豆「TOKYOロースト」導入時に、店長イベントで感じたことを店長自身が手書きで記入したボードを顧客向けのツールとして、コーヒー

図 5-16　Starbucks Official Book

豆の陳列棚に設置できるなど、スターバックス「らしい」手触り感のあるコミュニケーション展開を実施しています。

広報活動としては、前述の報道資料を伴ったプレス活動の他に、スターバックスのこれまでの23年を記念する形で、出版社と128ページ丸ごとスターバックスに関して記述したブランドブックも作成し、店舗外で広く販売するという、書籍によるパブリシティも実現しています（図5―16）。

活動の成果

「Make it yours プロモーション」の活動の成果はどのようなものだったのでしょうか。
ロースタリー東京の売り上げは計画を大幅に上回り、桜の季節には6時間以上待ちとなった日もあるようです。

２０１９年2月28日の開業直後5日間のメディア露出は全世界で4・5億リーチとなり、スターバックスジャパンの存在感を社内外にイメージ付ける結果に結びついています。

また、全店舗のプロモーション期間中の売り上げは目標を達成し、本活動のテーマの一つである定番エスプレッソカテゴリーの売り上げも目標を上回り、現在もその勢いを継続しています。ＴＯＫＹＯロースト のコーヒー豆に至っては、各店の店長直筆のメッセージの効果などもあり、当初設定の計画を超え、一筋縄ではいかない〝コーヒー〟を軸としたプロモーションで成果を出しています。

ブランディングの推進の事例として、スターバックスコーヒージャパンが、２０１９年2月に開業した旗艦店「スターバックスリザーブ®ロースタリー東京」の開業を契機とした一連のブランディング推進活動を紹介しました。

本書で解説を進めてきたブランディング推進に必要となる要素が、このプロモーションにほぼ網羅されていることにお気づきになったのではないかと思います。

すべてのビジネス活動を総動員して、顧客の頭の中に知覚を形成していくことを目指すのがブランディングです。そのためには、経営者のコミットメントは当然のこと、ブランディングの主旨が、顧客との接点を担う社員にしっかり理解され、体現されることが、ブランディング実践の要諦です。

また、ブランドは機能的価値と情緒的価値により成り立っています。特にそのブランドにしかない情緒的価値をどのようにコントロールするか。ブランドの表現指針に則った表現（クリエイティブ）が、すべてのタッチポイントで展開され、そのブランド「らしさ」が感じられる顧客体験をつくり出すことができれば、顧客に適切な知覚を伝達することは十分に可能です。

その実現のためには、顧客との接点を担う従業員が腹落ちするまで、粘り強く、丁寧に働きかけ、理解と浸透を進めていくことが重要であることを、スターバックスのケースは物語っています。

第6章

ブランディングの効果測定

1 ブランディングの効果測定の対象

ブランドプロミスの社内・外への浸透をもって、ブランディングが終了するわけではありません。ブランドは一朝一夕にできあがるものではなく、組織全体の息の長い活動の継続がなければ成立しないものです。絶えずその活動の効果を測定し、フィードバックし、課題を共有し、改善するというサイクルを回し続けてこそ、ブランドは強固になります。継続的、永続的なブランド価値向上を目指すためには、通常の業務改善と同様に、ブランディングのPDCAサイクルを繰り返し回し続けていくことが重要です。

序章で、ブランドは事業戦略と一体の関係として位置付けられ、ブランドが組織全体の活動をドライブするものであること、ブランディングの対象がコーポレートブランドであれば、人事・採用、研究開発、商品開発、製造、営業、広報・IRなどすべての活動の起点にブランドが位置付けられることを紹介しました。本書をここまでお読みいただいた読者であれば、ブランディングの効果測定においても、その視点が欠かせないことはおわかりいただけると思います。

効果測定というと、つい広告コミュニケーションやパブリシティ活動の効果検証を想起されるかもしれません。しかし、何度も繰り返すようですが、ブランディングは全社活動であり、広告コミュニケーションは、その一部に過ぎません。比較的容易で、既存のツールも充実している広告コミュニケーションの効果測定で自足するのではなく、手間が掛かっても全社の活動を対象とした効果を測定しなければ、ブランディングのＰＤＣＡを回していくことはできません。また、ブランディングは文字通り「ｉｎｇ」がついた活動です。活動の成果が単なる結果指標として、高かった、低かったという議論に終わることなく、実施している活動をどのように改善していけばブランド力の向上につながるのか、また多くの活動の中でどの活動の優先度を上げて取り組む必要があるかを明確にできなければ意味をなしません。

ブランディングを全社活動としてしっかり位置付ける上で、それぞれの活動を網羅的に、かつその改善の打ち手につながる効果検証の仕組みは、不可分一体の要件として全体設計することが重要です。

2　全社活動としてのブランディングのＫＰＩ

全社活動の効果を測定するブランド強度スコア

ブランディングのテーマによっては、その目的の達成度に特化した効果測定を行う必要がありますが、本書では、全社活動としてブランディングを推進していく際に、効果を測定すべきＫＰＩ（指標）として、インターブランドのブランド強度スコアを紹介します。

この指標は、第4章で紹介した通り、ブランド価値を算定する際に、経済的利益の一部であるブランド価値を現在価値に割り戻すために、そのブランドの将来の「確かさ」を分析するプロセスで活用されています。そこでは、ブランド強度スコアが高いブランドには低い割引率を適用し、スコアの低いブランドには高い割引率を適用するというかたちで適用されており、ブランド価値に直結した指標となっています（図6－1）。

ブランド強度スコアは、社内の4指標と社外の6指標の合計10指標で構成されており、全社活動としてのブランドの強さを分析する設計がなされています。

図6-1　ブランド強度スコア（Brand Strength Scores）

INTERNAL FACTORS
社内指標

概念明瞭度　Clarity
ブランドの中核概念（価値観、パーソナリティ、需要喚起要因、価値提案の総体）が明瞭になっており、社内で理解、共有されているか。

関与浸透度　Commitment
経営層や社員が、ブランドは事業戦略の中核を為すものだと信じて組織全体のあらゆる意思決定、行動、活動に反映させており、ブランドに対する愛着・誇りが生まれているか。

統治管理度　Governance
ブランドガバナンスの目的、役割と責任が明確に定められているか。ブランド戦略を効果的かつ効率的に実行するために必要な能力としくみを有しているか。

変化対応度　Responsiveness
変わりゆく市場環境、ビジネスチャレンジを予測し、チャンスにタイムリーに対応しながら、ブランドを継続的に進化させ、ビジネスを成長に導いているか。

EXTERNAL FACTORS
社外指標

信頼確実度　Authenticity
ブランドの中核概念を確実に実現する組織文化、能力があると既存・潜在顧客に信じられているか。

要求充足度　Relevance
機能・情緒の両面で、既存・潜在顧客のニーズ、欲求、意思決定基準を満たしているか。

差別特有度　Differentiation
競合と比較して差別性のある特有の価値やブランド体験を提供していると、既存・潜在顧客に認識されているか。

体験一貫度　Consistency
既存・潜在顧客が、ブランドと接する全ての機会を通して、一貫したブランドの中核概念及びそれに基づくストーリーを感じているか。

存在影響度　Presence
従来型のメディアのみならず、ソーシャルメディアでも好意的に語られており、既存・潜在顧客、またオピニオンリーダーの中で際立った存在と認められているか。

共感共創度　Engagement
既存・潜在顧客がブランドの中核概念に強く共感し、愛着や一体感をもって、ブランドの価値創造に参加しているか。

社内指標は、「概念明瞭度」「関与浸透度」「統治管理度」「変化対応度」の4指標、社外指標は、「信頼確実度」「要求充足度」「差別特有度」「体験一貫度」「存在影響度」「共感共創度」の6指標で構成されています。それぞれの評価を総合して測定することで、全社活動としてのブランディングのKPIとして、ブランドのマネジメントに活用します。

ブランド価値向上のサイクルを回し続けるためには、結果指標だけではなく、ブランディングの活動やプロセスの進捗度を評価することが重要です。ブランド強度スコアは、そうした活動の指標、プロセス指標のKPIとして活用することができます。

ブランドの強さを測定する10指標

ブランド強度スコアについて、10の指標それぞれの概要と、評価のクライテリア（基準）と具体的な情報収集方法をご紹介しましょう。

①インターナル（社内）指標

1．概念明瞭度（Clarity）

ブランドの中核概念（ブランドプロミスなどの理念、価値観・需要喚起要因・提供価値の総体）が明瞭になっており、社内で理解、共有されているか。

概念明瞭度は、ブランドの中核概念が明瞭になっており、それが社内で理解、共有されているかという点を評価します。この指標は、ブランドマネジメント活動を始めるにあたり、最初に確認する必要があります。過去の企業活動の結果による認識から消費者に独自のイメージやブランドに対する理解がされていたとしても、社内で「中核概念」が明確に定義、理解されていないブランドは、短期的、部分的な広告やプロモーション、一貫性が欠如した従業員の対応などを引き起こしやすく、その評価を長続きさせることは難しいと考えられます。

［評価のクライテリア］

1. 経営層やあらゆる階層の従業員が、ブランドの歴史や中核概念について語ることができるか
2. 経営層やあらゆる階層の従業員が、日々の業務においてブランド体験をどう提供するかを、どの程度理解しているか

［具体的な情報収集方法］
情報収集方法としては、従業員や関係者へのインタビューや、定期的な社員定量調査などを実施します。

2．関与浸透度（Commitment）

経営層や社員が、ブランドは事業戦略の中核をなすと信じ、組織全体のあらゆる意思決定、行動、活動にブランドの中核概念を反映させているか。そこには、ブランドに対する愛着・誇りが生まれているか。

関与浸透度は、経営層や社員のあらゆる意思決定、行動、活動にブランドの中核概念が反映されており、ブランドに対する愛着・誇りが生まれているかという点を評価します。

関係者による積極的な行動を伴う関与がなければ、ブランドはその力を持続することはできません。特に経営層の関与は非常に重要であり、事業戦略とブランド戦略を一体のものと位置付け、経営を行っている企業は、ブランド戦略をコミュニケーション戦略の一部と考えている企業よりもブランドに対する積極的な投資や人的リソースの配分を得られ、スピーディかつ大胆な活動が可能となります。また、経営層自らがブランドのアンバサダーとして社内外に対して積極的に発信していることも関与浸透度の高さを表します。

［評価クライテリア］
1．経営レベルでのブランド戦略への組織的なコミットメントはどのくらいあるか
2．どれだけブランドが事業戦略の中核をなすものと捉えられ、すべての部署で意思決定に影響を与えているか
3．定義されたブランド体験を提供することを約束し、実際に行動を起こすなど、あらゆる階層の従業員がどれだけブランドと深く関わっているか

［具体的な情報収集方法］
情報収集方法としては、経営層へのインタビュー、従業員への定量調査などが一般的です。

3．統治管理度（Governance）

ブランドを防御・コントロールするための役割・責任が明確に定められているか。ブランド戦略を効果的かつ効率的に実行するために、必要な組織能力・仕組みを有してい

るか。

統治管理度は、ブランド管理のための役割・責任が明確に定められているか、ブランド戦略を効果的かつ効率的に実行するために必要な組織能力・仕組みを有しているかを評価します。

ブランドの管理をどのように行っていくのかという戦略、それにひもづく組織や組織間の役割などの設計、ガイドラインやマネジメントのためのシステム基盤などの運用ツール、商標保護の管理体制などが備わり、機能していることで、効率的かつ一貫してブランドの体験を顧客に提供することが可能となります。ブランドのガバナンスが効いていないと、顧客に意図しないイメージを持たれたり、一貫性のなさを感じさせたりしてしまう原因となります。

［評価クライテリア］

1．ＣＭＯ（最高マーケティング責任者）やブランド責任者が率いるブランドマネジメント部門のビジョンと課題がどの程度明確になっているか

2．本社のブランドマネジメント部門と各事業部門との間で、ブランド管理の役割と責任

がどの程度明確に定義され、網羅的になっているか

3. ブランド戦略を効果的・効率的に実行するためのスキル、プロセス、技術基盤、ツールを組織としてどの程度持っているか

4. ブランドを守る法的権利の広さと強さ、モニタリングと保護のレベルはどのくらいか

［具体的な情報収集方法］

情報収集方法としては、社内インタビュー、社内ブランドガイドラインおよびその運用状況の監査、社内外関係者定量調査などが挙げられます。

4. 変化対応度（Responsiveness）

市場環境やビジネスチャレンジの変化・発生を予測し、タイムリーに対応しながら、ブランド・組織・戦略を継続的に進化させ、ビジネスを成長に導いているか。

変化対応度では、市場、顧客、競合の動向を常に考察して、自ら必要な変化を起こす能力と体制を備えているかを評価します。ブランドマネジメントは中長期的な視点でとらえるべきものですが、それは変化しないという意味ではありません。ブランドは絶えず進化し続ける柔軟性と能力を備えているべきです。

［評価クライテリア］

1．組織のイノベーション：組織文化、市場での成功実績、市場へのインパクトはどのくらいあるか

2．組織の機動性：課題や機会に対し、どれだけ迅速に対応できるか

3．市場のトレンドや顧客のニーズの変化を予測する能力はあるか

4．製品、サービス、ブランド体験を常に改善するための、従業員、顧客、パートナー間の対話をどれだけ促進しているか

［具体的な情報収集方法］

評価に際しては、これまでのブランドマネジメントやイノベーションの変遷研究に加え、従業員および関係者へのヒアリングなど定性・定量調査などを実施します。

②エクスターナル（社外）指標

5．信頼確実度（Authenticity）

ブランドの中核概念を確実に実現するための、オペレーション・組織文化・組織能力な

どを備えていると、既存・潜在顧客に信じられているか。

信頼確実度では、顧客から、ブランドを支える人と組織がどのくらい信じられているかを評価します。

設定した「中核概念」がいかに高尚なものであっても、実現することができなければ、絵に描いた餅であり、仮に実現する能力を持っていたとしても、顧客がその実現性を信じなければ、同様の状況となります。企業やブランドの過去の歴史において、いかに顧客の期待に応えてきたか、また歴史が浅くとも、真摯に顧客に対応し、丁寧に説明しているかで信頼確実度は大きく変わってきます。M&A等によって買収したブランドを運用する場合にも、特に注意すべき指標です。

［評価クライテリア］

1. どれだけ信頼され、偽りがないと見られているか
2. 実際のブランド体験が、どれだけブランドの「中核概念」に沿っているか
3. ブランドの歴史や伝統が、ブランドの品質、由来、根拠をどれだけ強化しているか

［具体的な情報収集方法］

情報収集方法としては、社外への定量調査、ブランドの歴史の監査などが挙げられます。

6．要求充足度（Relevance）

機能ベネフィット・情緒ベネフィットの両面で、既存・潜在顧客のニーズ、欲求、意思決定基準を満たしているか。

要求充足度では、ブランドの顧客の想いを汲み取る力、ニーズを満たす力を評価します。強いブランドは、ニッチな顧客層だけではなく、多くの人の心を掴みます。心を掴むブランドは、利便性、品質、価格といった機能的ニーズを満たすだけでなく、楽しさ、喜び、安心感などの情緒的ニーズも満たしています。

［評価クライテリア］

1．既存・潜在顧客に対し機能と情緒の両面で、ニーズ、欲求、意思決定基準を提供しているか

2. 対象者や状況に応じてブランド体験を合わせていく能力がどのくらいあるか
3. ブランドのコンテンツがどれだけ自分と関係があり、意味のあるものだと感じられているか

［具体的な情報収集方法］
情報収集においては、顧客や潜在顧客を対象とした定量調査に加え、マーケットシェアや顧客数の既存のデータを活用することもできます。

7. 差別特有度（Differentiation）

競合と比較して差別性のある特有の価値やブランド体験を提供しているか。

差別特有度では、ブランド特有の価値や体験が、しっかりと顧客に伝わり、差別化を生み出しているかどうかを評価します。
ブランド特有の価値や体験は、事業戦略上のポジショニングによって生み出されることもありますが、あくまでも人々の頭の中における知覚として定着しているかがポイントになります。数あるブランドの中で、特別なものと知覚されることで、そのブランドは強い競争力を持つことができます。

［評価クライテリア］

1．競合と比べて特徴のあるイメージを有すると、顧客／消費者がどの程度感じているか
2．競合と比べて特徴のある体験を提供していると、顧客／消費者がどの程度感じているか
3．クリエイティブな表現により、どれだけブランドを競合に対して際立たせているか

［具体的な情報収集方法］

情報収集方法としては、顧客への定性・定量調査、競合も含めたクリエイティブ監査（ブランドオーディット）などが挙げられます。

8．体験一貫度（Consistency）

既存・潜在顧客が、ブランドと接するすべての機会を通して、一貫したブランドの中核概念と、それに基づくストーリーを感じているか。

体験一貫度では、商品やサービス、店舗の演出はもとより、SNS上での社員の立ち居振る舞いに至るすべてのブランド体験を通して、顧客が一貫したブランドの中核概念と、それに基づくストーリーを感じているかを評価します。

かつてのブランドマネジメント活動においては、ブランドロゴを正しく使用しているかをモニタリングすることが重要なタスクとなっていましたが、重要なのは、ブランドロゴやデザインが規定通りに運用されているかという点だけではありません。先進のブランディングでは、顧客の視点で一貫した体験を提供できているかをモニタリングすることが、重要となっています。

［評価クライテリア］

1. 顧客／消費者が様々に接するチャネルやタッチポイントにおいて、どの程度シームレスで首尾一貫した体験を提供しているか
2. チャネルやタッチポイントを通じて、一貫して質の高い体験や交流を提供できているか

［具体的な情報収集方法］

情報収集の手段としては、顧客へ直接調査することも可能ですが、クリエイティブ監査を行うことも有効です。自ら顧客の視点に立って、ブランドが提供するあらゆる接点やそこにおける視覚面、言語面の表現が、ブランドのコンセプトを反映しているかを監

査することで多くの示唆を得ることができます。

9．存在影響度（Presence）

ソーシャルメディアを含むあらゆる媒体やコミュニケーションチャネルで、既存・潜在顧客に好意的に語られているか。既存・潜在顧客、またオピニオンリーダーの中で、際立った存在と認められているか。

存在影響度では、ブランドが、現在進行形で活気のある存在感を持って顧客に認識されているかどうか、既存・潜在顧客、またオピニオンリーダーの中で、際立った存在と認められているかを評価します。誤解されがちですが、存在影響度は、認知率の高さではないことに留意してください。

もちろん認知率を上げることは、ブランドマネジメントの第一歩であり、知られていなければ、購買時の選択肢に上がることは困難です。しかし、認知率の高さ＝購買率の高さとは限りません。ブランドが過去の記憶として認知されている状況ではなく、現在進行形のブランドとして認知され、取り上げられることが肝要です。

新製品・サービスの発表、企業やブランドとしての新しい取り組みなどが、期待感としてニュースやＳＮＳで多く語られているブランドは、鮮度が高く活気のあるブランドとして存在影響度の評価が高い傾向があります。

［評価クライテリア］

1．そのブランドが属する業界内外でどの程度際立った存在と認識されているか
2．ブランドと関係のある人々に、ペイドメディア（有料の広告など）以外の接点で、どの程度またどのように語られているか
3．ブランドにとって重要なチャネル、タッチポイント、地域をカバーしているか

［具体的な情報収集方法］

情報収集の手段としては、認知、純粋想起等は消費者や顧客への定量調査を、話題性に関しては記事クリッピング数やＳＮＳの各種分析ツールを使用します。

10．共感共創度（Engagement）

既存・潜在顧客がブランドの中核概念を正確に理解し、強く共感しているか。また、愛着や一体感を持って、ブランドの価値創造に参加しているか。

共感共創度では、既存・潜在顧客がブランドの中核概念を正確に理解し、アンバサダーとしてブランドの価値創造に能動的に参加しているかどうかを評価します。存在影響度では、想起率や話題性が評価のポイントとなっていましたが、顧客がブランドの目指す姿に深く共感し、絆を感じ、顧客自らがブランドを企業とつくり上げている状態になっていることで、将来への安定性が増すことになります。

［評価クライテリア］

1．顧客／消費者のブランドについての知識の深さと質はどのくらいあるか
2．自社のまたは共有のプラットフォームやチャネルを通じて、どれだけ対話や共創、支持が喚起されているか
3．顧客／消費者がどれだけ強く一体感を感じているか

［具体的な情報収集方法］

情報収集の方法としては、顧客への定性・定量調査の結果を用いることが多いです。

3 ブランド強度スコアをKPI化したブランドマネジメント

ブランドの強度を測る10の指標について、その概略を紹介しました。それぞれの指標が有機的につながっており、ブランディングのプロセスに対応していることをご理解いただけたかと思います。

ブランディングの起点は、ブランドの中核概念となる「ブランドの目指す姿」です。ブランドの中核概念が社内・組織で共有され、活動として実践され、社外で展開され、ステークホルダーとの共創を経て、意図した姿として認識されます。このプロセスこそがブランディングであり、各プロセスを適切に計測することで初めて、具体的な「打ち手」としての改善策を明確にすることができ、継続的にPDCAサイクルを回し続けていくことが可能となります。

このアプローチは、日本企業が得意な「カイゼン」そのものといえるのではないでしょうか。ブランディングの「カイゼン」のための指標――それこそが、ブランドの強さを10の指標に分解し、その変化を定量的に測っていくフレームワーク「ブランド強度分析」です。ブランドマネジメントの指標が10項目に分解されることで、多様な課題に対して、どのような手を打てばよいのかという解決策の方向性が明らかになります。結果的に、ブランドの目指す姿が、R&D、生産、物流、マーケティング、営業・販売、顧客対応などの各オペレーション別の具体的な活動項目に落とし込まれていくので、それぞれの部門・組織の活動の変化を促すことにもつながります。

このアプローチは、ボトムアップの合議制でブランディング活動を実施している日本企業との親和性も高く、既に多くの日本企業においても、ブランドマネジメントのKPIとして採用され、実践されています。

図6―2は、ブランド強度スコアを、ブランドマネジメントのKPIとして活用した際の分析アウトプットの一例です。ブランドをマネジメントする観点で、効果検証すべき展開マーケットや、事業などのセグメントを設定し、そのセグメントごとに、10指標をKPI化し、社内、社外のブランドの強度を測定します。それにより、セグメントごとにどの指標が競合と比べて強いのか、弱いのかが明確になります。各セグメントにおいて改善が必要な指標を明確にすることで、次の打ち手を明らかにすることができるのです。

図6-2　ブランド強度スコアのKPI化と運用例

展開国別のブランド強度スコア（測定イメージ）

～3　4　5　6　7～
Weaker ←→ Stronger

		日本	米国	フランス	英国	台湾	タイ	ベトナム	オーストラリア	ブラジル
社内指標	概念明瞭度（Clarity）	7.2	6.8	6.0	7.1	7.2	7.8	7.9	7.4	7.5
	関与浸透度（Commitment）	6.0	5.2	4.7	5.5	6.3	7.5	7.0	6.7	6.9
	統治管理度（Governance）	6.0	4.9	4.7	5.6	6.5	7.6	6.9	6.0	6.2
	変化対応度（Responsiveness）	6.8	6.2	6.5	7.3	7.5	7.7	7.2	7.4	7.4
社外指標	信用確実度（Authenticity）	5.9	4.7	4.7	4.0	4.4	5.7	3.9	4.3	3.4
	要求充足度（Relevance）	6.1	4.3	4.7	4.0	4.3	5.4	3.7	4.3	3.1
	差別特有度（Differentiation）	5.3	5.4	5.9	5.0	5.0	5.7	4.1	4.5	3.8
	体験一貫度（Consistency）	5.0	3.6	2.8	5.1	4.5	4.4	4.7	5.0	3.3
	存在影響度（Presence）	5.6	3.6	2.8	4.5	5.1	5.7	3.7	3.6	3.1
	共感共創度（Engagement）	5.8	5.0	4.7	3.8	4.3	5.5	3.8	3.9	3.7
	ブランド強度スコアの合計（100点満点）	60	50	48	52	55	63	53	53	48

また、グローバルに展開する企業においては、この図のように展開国ごとの指標を共通化することによって、ブランディングを全社活動として推進していく際に必要となる「共通言語」として活用することが可能となります。

日本企業は、ブランディングを軸とした経営に移行できる十分なポテンシャルを有しています。しかし、トップマネジメントの強い意志とブランドの中核概念を共有した社員の実践活動、ステークホルダーとの共創、そのどれが欠けても強いブランドを構築することができず、しかもそれは、一朝一夕には成し遂げられないものでもあります。だからこそ、粘り強く、全社活動として活動のサイクルを回し続けることが重要です。その先には、世界で戦える強固なブランドとして、ビジネスの高付加価値化が実現できるはずです。

第7章

ブランディングの共創

1　今、求められる「顧客中心主義」

カスタマーセントリシティ（顧客中心主義）

本書では、ここまで、全社で取り組む活動としてのブランディングの実践のあり方について、その基本的な要素を解説してきました。本章では、それらの基本的な理解の上で、これからのブランディングのあり方について、考えてみたいと思います。

デジタル革命が進み、世界中の企業は、ターゲット顧客の絞り込みとその顧客が求めることをより深いレベルで理解する必要に迫られています。成熟市場でのマスマーケティングの限界が見えはじめた状況の中で、「カスタマーセントリックな企業ほど成長する」という調査結果が2000年ごろから頻出しはじめ、今日、世界のシニアリーダーたちの多くに浸透しています（図7－1）。

「自らのニーズに完璧に合致する商品やサービスに出会った顧客は、そのブランドに情緒的なつながりを感じ、ロイヤルユーザーになることが多い。結果として、顧客とブランドが生

図 7-1　カスタマーセントリシティ

戦略としてのカスタマーセントリシティ
“企業の長期的な財務的価値を最大限に引き出すために、選択された顧客の現在および将来のニーズに合わせ、企業の製品およびサービスの開発と提供を調整する戦略”

Peter Fader 教授
ペンシルベニア大学ウォートンスクール
著書『Customer Centricity: Focus on the Right Customers for Strategic Advantage』（2011年初版）からの一節

構造としてのカスタマーセントリシティ
“カスタマーセントリシティは、組織にしっかり組み込まれなければならない。シニアリーダーたちの心に刻まれている概念ではあるけれど、多くの組織は苦戦している。現状、ほとんどの企業は株主を優先に考え、顧客と従業員に時間と利益の還元ができればいいという認識にとどまっている。”

Len Schelsinger 教授
ハーバード・ビジネススクール

涯にわたる関係性を築けるようになり、カスタマーセントリシティは、企業の競争力を高める」

カスタマーセントリシティ（顧客中心主義）は、主にこのように論じられています。

一人の消費者として、自身が愛用しているブランドを好きになった契機を思い起こすと、読者の皆さんもカスタマーセントリックなサービスを受けた実体験を、いくつか思い浮かべることができるのではないでしょうか。

筆者は山登りが好きなので、自宅は数多くの登山道具で溢れかえっているのですが、その中の道具の一つが、まさにそのような体験を経て、ロイヤルユーザーになってしまったケースに該当しています。

軽くて丈夫なそのトレッキングポールは、機能的なスペックを決め手に購入を決定したものですが、ある日登山で使用した際に一部が破損してしまったため、次の登山に持参することは諦めることにして、そのメーカーに修理を依頼することになりました。するとそのメーカーの修理担当窓口の方からの質問の中に、破損の状況確認とともに「次の登山はいつの予定ですか?」という内容が含まれていたのです。それほど先ではない次の登山の日程を伝えると、そのメーカーは予定に間に合うように、きっちりトレッキングポールの修理を完了してくれたのです（実際は、何の問題のない納期であったのかもしれませんが）。それ以来、筆者はすっかりそのメーカーのロイヤルユーザーになってしまい、現在通算3本目となる同じメーカーのトレッキングポールを使い続けています。

つまり、そのメーカーの対応は顧客である筆者の期待を大きく超えるものであったわけです。メーカーとしては商品を修理することが、果たさなければならない便益であったはずですが、「次の登山で使用したい」という筆者の潜在的なニーズを汲み取り、期待を上回る対応を実践することによって、顧客との情緒的なつながりを確立したわけです。一度そのようなつながりを感じると、両者の関係は強固なものになると実感した一例です。

「お客様は神様です」という言葉を耳にします。この言葉が象徴するように、日本企業にはもともと顧客視点を大事にするという視座が備わっています。その表れとして、現在も多くの企業で顧客満足度調査が実施され、ＫＰＩの一つとして経営に活用されています。しかし、ここで論じられる「顧客満足度」の向上は、「お客様に対する態度やモットー」として唱えられることが多く、収益性との相関関係や、企業経営全体における位置付けが曖昧なため、形骸化してしまっているのが実態ではないかと感じています。

この「顧客満足度」の文脈で語られる「お客様は神様」という考え方と「カスタマーセントリシティ」は、全く異なるものです。先の筆者の体験でいうならば、修理を依頼してきた顧客に失礼のない対応をして、故障した商品を修理し、着実に返送することを評価するのが「顧客満足」です。

その一方、「次の登山に使いたい」という顧客のニーズを汲み取ってその期日に間に合わせる対応をし、顧客との長期的な関係を構築し、最終的には企業の長期的な収益につなげる、といった考え方こそが「カスタマーセントリシティ（顧客中心主義）」なのです。

カスタマーセントリシティの企業経営

現在、世界のシニアリーダーたちの多くが、これからの企業経営戦略として着目しているカスタマーセントリシティ（顧客中心主義）とは、どういうものか。顧客中心の、真のカスタマーファーストな企業経営を図にしたものが図7－2です。

これまでの企業組織の概念は、図の左のように、株主/投資家、社員、経営者がピラミッド構造になっており、顧客はその外側に位置しています。商品・サービスの開発は企業がイニシアチブをとり、顧客の表層的なニーズに応えるものを提供しています。いわば「プロダクトアウト」の発想が企業経営のドライブの軸となっており、顧客の反応は一時的で簡便な定量・定性調査が中心です。顧客は都度、サービスごとに違う商品を選ぶという関係性が、これまでの形です。

一方、顧客中心の企業経営は、図の右のように、顧客を中心に置いた同心円上に、経営者、社員、株主/投資の順に並ぶ組織となります。そこでは、企業は顧客にインスパイアされ、顧客の真の課題を解決するものを提供します。企業は、顧客と一体となり、永続的にリアルボイスを聞き続けることで、顧客自身も気づいていない深層ニーズに着目します。そこでは「プロダクトアウト」発想ではなく、「顧客体験」が企業経営の軸となります。顧客は

図7-2　これからの顧客中心の企業経営

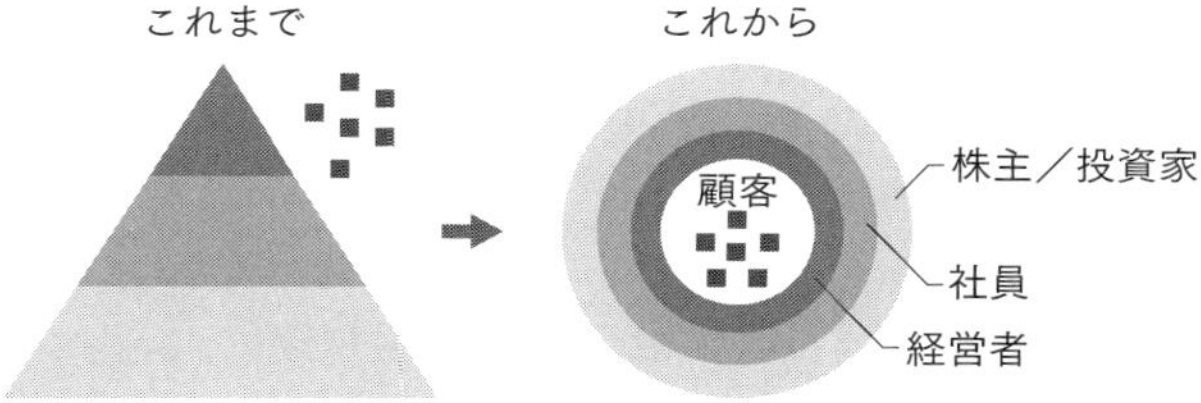

ロイヤルユーザーとなり、常にその企業を選ぶという深い関係性を構築することが可能になるのです。

カスタマーセントリシティの鍵となるヒューマントゥルース（Human Truth）

第3章でブランドの中核概念を導き出すプロセスの一つとして、「顧客インサイト」の棚卸しが必要である旨を解説しました。インサイトとは、人間を動かす隠れた心理を意味しています。カスタマーセントリシティを推進する上では、そのさらに深層にある潜在的・本能的な「声」に耳を傾けていく必要があります。

それが「ヒューマントゥルース（Human Truth）」です。ヒューマントゥルースとは、顧客の潜在的・本能的な「声」であり、無意識の意思決定に影響を与えているものです。先の筆者の体験における（自身もはっきりと認識をしていなかった）「次の登山

図 7-3　ヒューマントゥルース

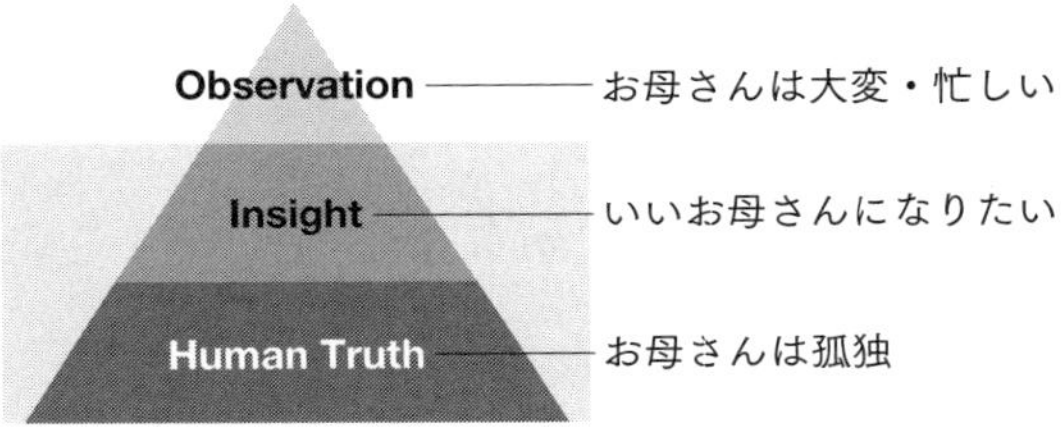

に使用したい」という潜在的なニーズが、まさにヒューマントゥルースにあたります。企業はこのヒューマントゥルースを知ることによって、顧客の意思決定に影響を与えることができるのです。

母親をターゲットとした商品開発を行うことを例に、考えてみましょう。お母さんはなぜ、一生懸命に子供の世話をするのでしょうか。このとき、お母さんは無意識のうちに「いい母親になりたい」と願っているから、という第一深層の心理が、インサイトです。しかし、さらにその奥に「一人で孤独。実は、不安でたまらない」という声が潜んでいるとすれば、それこそが、ヒューマントゥルース（第二深層のインサイト）となります。

企業がどの深層レベルで、母親たちを理解しているかによって、提供できるサービス、商品に差が出ます。そして、より根本的な課題を解決した企業が、顧客としての母親たちに選ばれることになるのです（図7－3）。

2 ブランディングの共創

「一時的競争優位」の時代

第1章でご紹介したとおり、顧客をはじめとするすべてのステークホルダーとの共創によって、ブランディングが成り立つ「共創の時代」が訪れています。この潮流は、この先さらに加速していくと捉えるべきでしょう。

テクノロジーの進化は、顧客のブランドへの期待を著しく変化させています。一時的にキャッチアップした顧客の期待に応える商品やサービスを開発しても、あっという間に顧客の期待値が上がってしまう環境にブランドは置かれています。

デジタルの世界では、ＩｏＴの急速な発展に反応して、技術革新のスピードは飛躍的に速くなっています。製造業、サービス業のいずれにおいても、また一生活者として、おそらく読者の皆さんの多くも、このことを日々実感されているのではないでしょうか。

図 7-4　提供する便益を上回る顧客の期待

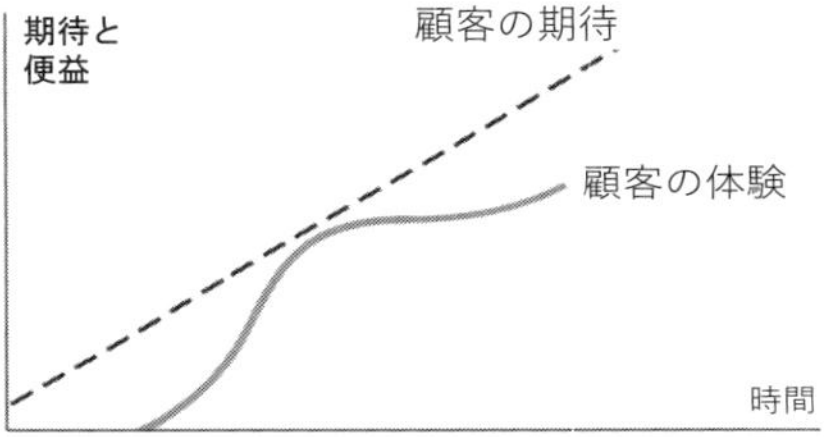

コロンビア大学ビジネススクールのリタ・マグレイス教授は、このことについて『競争優位の終焉』という著書の中で、的確に指摘をしています。マイケル・ポーター氏の説く持続的競争優位は既に終焉を迎えているとし、「世界は急速に変化し、昨日利点だったものが、明日には負担になっている」と主張しています。つまり「一時的な競争優位」の時代が到来しているのです。

そのような環境の中で、ブランドは、常に、高まり続ける顧客の期待に新しい方法で体験を提供することが求められているのです（図7－4）。

顧客との常時接続によるブランディング

真の「顧客との対話」なくして、顧客の期待に合致する体験を提供することはできません。

テクノロジーが革新し続ける時代において、ブランディングが求められること、それは、顧客との常時接続による対話の継続です。

インターブランドとグループ会社のC Spaceは、毎日24時間、生活者とつながるサービス「コンシューマー・アドバイザリー・ボード」と呼ぶ仕組みを提案し、顧客を経営戦略の中心に位置付けるアプローチを進めています。これは、オンライン上で顧客と常時接続するコミュニティを運営することで、リアルタイムでの顧客との対話を通じて、ブランドのポジショニングや、新商品やサービスの提供など、変化する顧客の期待に向き合い続けることを可能とするものです。

この仕組みは、既に、欧米の多くのグローバルブランドが採用しており、調査設計やその実施・分析に時間を要していた人間味のない従来のマーケットリサーチに代わるものとして機能しています。既にいくつかのFMCG（日用生活品）ブランドでは、これまで商品開発を行う都度実施していたフォーカスグループインタビューをすべて廃止し、プロダクトブランドごとに設置したオンラインコミュニティを活用することで、顧客との対話を多くの意思決定に反映しています。

C Spaceのコミュニティプラットフォームは、モバイルファーストとなっており、デスクトップ機能とともに広範囲なモバイルツールを提供しています。コミュニティプラットフォームは24時間、年中無休のインサイトエンジンとして、すべての顧客が様々な視点と深いレベルのインサイト（ヒューマントゥルース）へアクセスすることを可能にしています。

こうした仕組みを構築することで、図7－2で紹介した、顧客を中心に置いた同心円上に、経営者、社員、株主／投資の順に並ぶ構造を構築し、顧客とのビジネスおよびブランディングの「共創」が実現するのです。

顧客の期待を超えるアクションの必要性

今、顧客の期待、社会の期待が、ビジネスの変化を上回るスピードで変化しています。新たに市場に参入してくるスタートアップ企業は、大多数の企業をはるかに上回るスピードで物事を変化させています。つまり、「顧客や社会の期待」の変化スピードが、企業が提供できる「ブランド体験」の漸進的改善スピードを大きく上回る状況下で、何らかのアクションを起こさなければ、顧客の期待に追いつくことはできません。

そのためには、世の中の人々の想いや期待するところをいち早く捉えて、対応することを決断し、実践すること。顧客の期待を超えた体験を提供することによって、これまでの競争環境の軸を変えてしまうアクションが求められます。インターブランドではこうした決断と

図 7-5　Iconic Moves™.

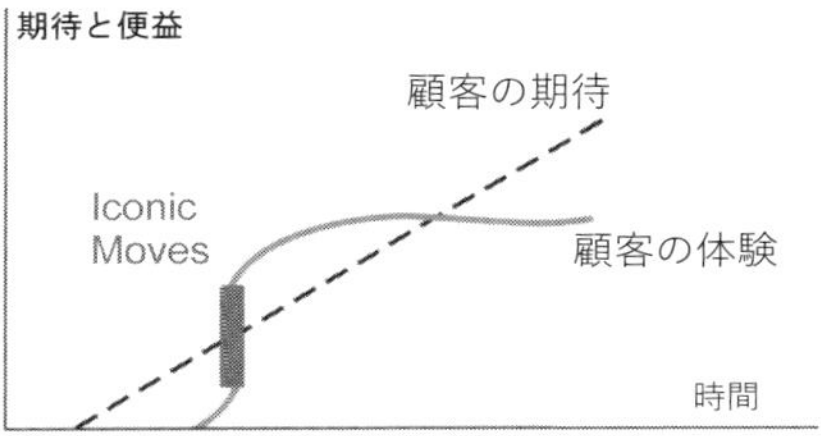

実践のアクションをIconic Moves™.と呼んでいます。

図7－5は、これからの時代に求められるブランドの成長モデルを描いたチャートです。生活者や顧客と常時接続することで彼らの「ヒューマントゥルース」にアクセスすること、それにより、顧客の期待を超えるブランド体験を提供することのマーケットを先取りし、彼らの心を掴むこととIconic Moves™.を成し遂げることの両方の実現を表しています。

一例を挙げてみましょう。2002年にスティーブ・ジョブズ氏が「Appleは80億ドルをリテールビジネスに投資する」と発表したとき、人々は彼が何をしようとしているのか理解できませんでした。2002年当時、実店舗へ投資するPC／携帯電話メーカーは存在しなかったからです。ジョブズ氏は生活者と直接つながることがより必要で、重要なことであると考えていました。そしてまた、これからの

Appleのビジネスにラグジュアリーな要素も必要であると考えていました。そのためには、ブランドにふさわしい聖域のような、ラグジュアリーな直営店が必要だったのです。

こうした決断と実践が、顧客や社会の期待を超え、彼らの心を摑み、競争の軸を変えるものとなります。

真の顧客との対話

この章では、顧客をはじめとしたすべてのステークホルダーとの共創によって、ブランディングが成り立つ「共創の時代」が訪れていることを説明してきました。それを実現するためには、何よりも、企業・組織が、カスタマーセントリックな視点で、顧客の深層のニーズである「ヒューマントゥルース」に耳を傾け続けることが重要であること。それにより、顧客の期待に応える、もしくは期待を超えるブランド体験を提供することができる、と繰り返し説明してきました。

ともすれば、そうした「先進的」な取り組みは、まだまだ一部のグローバル・リーディングブランドが行っている活動なのではないか、理屈は理解できても今ひとつリアリティを感じることができない、という読者もいらっしゃるかもしれません。

真の顧客との対話とは何か、ブランディングの共創とはどういうことなのか、最後に、それを実践する日本ブランドの活動を事例としてご紹介することで、その問いに答えたいと思います。

【ケーススタディ】スノーピーク

スノーピークのミッションステートメント「The Snow Peak Way」

本書第2章でも紹介したスノーピークは、ものづくりのまちとして知られる新潟県燕三条で、山井幸雄（敬称略）が1958年に創業したアウトドアブランドです。当初は金物問屋としてスタートし、後に自分の趣味である登山用品の企画、製造、販売を中心に事業を展開してきましたが、1986年に幸雄の息子である現社長、山井太（以下：山井、敬称略）の入社を契機にオートキャンプという新たな領域への挑戦を開始。以来、アウトドアをライフスタイルととらえ直し、家族や仲間との絆を深めるための豊かな時間としてのキャンプを提唱しています。

図7-6　Snow Peak のミッションステートメント「The Snow Peak Way」

The Snow Peak Way

私達スノーピークは、一人一人の個性が最も重要であると自覚し、
同じ目標を共有する真の信頼で力を合わせ、
自然指向のライフスタイルを提案し実現するリーディングカンパニーをつくり上げよう。

私達は、常に変化し、革新を起こし、時代の流れを変えていきます。

私達は自らもユーザーであるという立場で考え、
お互いが感動できるモノやサービスを提供します。

私達は、私達に関わる全てのモノに良い影響を与えます。

山井は、父から受け継いだ「本当に欲しいものを自分でつくる」という信念で、燕三条の職人技に裏打ちされたラグジュアリーでハイエンドなキャンプギアづくりを開始。機能的で、美しく、頑丈なキャンプ道具を次々と世に送り出し、日本のオートキャンプブームを牽引してきました。

2015年には東京証券取引所一部に上場し、今や、グローバルに展開する日本を代表するアウトドアブランドとなっています。

その成長の源泉は、社員一人ひとりが最も大切にしているミッションステートメント（ブランドの中核概念）、「The Snow Peak Way」の実現にあるのかもしれません（図7−6）。

上場を果たした今も掲げるこのミッションは、

1986年に山井が入社し、初めて明文化されたもので、当時15人の社員たちが書き出した自分にとってのミッションを、紡ぎ合わせて生まれたものだそうです。その頃、年商7億円ほどの小さな会社だったスノーピークにとって「リーディングカンパニーになる」という宣言は遥か遠くの夢で、本当に実現できるのか、社員には少なからず戸惑いもあったようですが、このミッションステートメントは、ユーザーである顧客とともに進んでいく方向を指し示すコンパスとなり、どんな時にもスノーピークの真北の方向を示し続けたそうです。

キャンプイベント「Snow Peak Way」

創業者である父が去り、山井が後を引き継いだ1996年に、1580万人を記録した日本のオートキャンプ人口は、翌年から急降下を始め、一時は1000カ所を超えていたオートキャンプ場の多くが赤字となり閉鎖が続きました。オートキャンプ「ブーム」の終焉です。

1993年には売上25億5000万円、経常利益3億5000万円に達したスノーピークの業績も、1999年には売上14億5000万円、経常利益4000万円まで落ち込み、これまで友好的な取引先であった問屋や小売店の対応も急転回するなどの状況の中で、「自然思考のライフスタイルの提案と実現」という使命は、誰にも求められていないのではないか、と答えの見えない苦悩の日々が続いたようです。

しかし、苦境の渦中にあった1998年、スノーピークは、社員の一人が「自分たちの存在意義は、わかりません。でもユーザーの皆さんの顔を見ていると頑張ろうと思えるんです」と提案したことをキッカケに、同社のミッションと同じ名前を冠したキャンプイベント「Snow Peak Way」の開催を決断します。

このキャンプには、悪天候の中、スノーピークを愛する約30組のコアユーザーが参加。焚火を囲みながら、山井自身が、直接ユーザーの本音に耳を傾ける機会を持つことができました。そこで参加ユーザーの口から出たコメントは、「品揃えがとにかく悪い」「欲しい時に、欲しいものがどこに行っても買えない」「確かにモノはいい、でも値段が高すぎる」というもので、この時山井は、このユーザーの想いに必ず応えなければならないと決意したそうです。

キャンプ終了後、改革は迅速に実行されました。問屋との取引を中止し、流通コストをカットすることで品質を落とすことなく小売価格のダウンを実現。当時取引していた約

1000店の販売網を250店舗に絞り込むことで、店舗での品揃えの充実を徹底的に進めています。

そして2000年のカタログの冒頭には、キャンプでユーザーの声を真剣に受けとめたこと、それを受け販売網変更とプライスダウンを実行すること、世界でも稀なオープンなものづくり集団を目指し、キャンプイベントを全国に広げて開催するという山井の決意表明が、真摯に綴られています。

〈2000年のカタログ冒頭の決意表明〉

スノーピークの真北の方角。

1988年に大阪舞洲会場、山梨本栖会場の2カ所で開催したSnow Peak Way 1999。Snow Peak Way－Outdoor Lifestyle Show－、これはスノーピークが展示会に与えたネーミングですが、1998年からは、それに－in Campground－という文字が加わり、ユーザーの皆様をお招きする日をつくらせていただきました。

Snow Peak Way の様々な効用の中でスノーピークの内部での最大のものは、目指すべき真北の方向を参加したスタッフ全員が五感で再確認できることにあります。

「スノーピークで仕事をする意味は何か。」私達スタッフ全員のベクトルの方向は、ユーザーの笑顔から考えれば一つの方向を示します、それがスノーピークの真北の方向です。


一昨年そして昨年と、沢山のユーザーの皆さんと一緒にキャンプをしながらお話をさせていただきました。

愛用の製品のこと、新製品の開発のこと、ユーザーから見たスノーピークの品質、価格、購買し易さ具合等について。

集約すると「スノーピークの製品は品質が良いが価格が高い」「スノーピークの製品を買いたいけれど自分の生活圏の中では売っていない」という生な声でした。

正しい感受性を持って、この真剣な声に答えたい。

そのためにはスノーピークも血を流す覚悟が必要になるだろうが、ユーザーの皆さんのために革新を実現しなければならない。これが私達スノーピークが決意したことでした。

そのことを非常に素直に実行に移し、そのことを気づかせてくれたユーザーの皆さんに報告できることが、私達スノーピークには一番嬉しいことです。

スノーピークは今年、記念すべきミレニアムに販売網を再構築し、流通革命により製品の大幅なプライスダウンを行います。

（中略）

私達スノーピークは、ユーザーの皆様に参加いただける世界でも稀なオープンなモノづくり集団を目指しています。そのために今年はSnow Peak Wayを全国で開催させていただきたいと考えています。

多くの皆さんとお会いでき、沢山のお話ができることをスタッフそしてディーラーの皆様と共に楽しみにしています。

株式会社スノーピーク
代表取締役社長　山井　太

その決意表明どおり、キャンプイベント「Snow Peak Way」は、翌年以降も毎年エリア・規模を拡大。2019年には、全国13会場、大小含めるとキャンプイベントの開催は年間数十回の規模に達しています。

図 7-7　キャンプイベント「Snow Peak Way」

営業メンバーを筆頭に、経営、管理、企画に至るあらゆる部門の社員が参加する「Snow Peak Way」は、社員一人ひとりが一人のキャンパーとしてユーザーとつながり、対話する場。言い換えればそれは、カスタマーセントリックな視点で、顧客の深層のニーズである「ヒューマントゥルース」に耳を傾ける絶好の機会になっています。「Snow Peak Way」は、スノーピークの経営戦略の中軸に位置付けられ、カスタマーセントリックな視点で機能し続けています。

キャンプでユーザーの声に耳を傾けたことを契機に改良された商品もあり、新しい商品やサービスの開発にもユーザーの声が反映されていることは、いうまでもありません。

スノーピークは、ユーザーと焚火を囲みながら、真の対話を積み重ね、ユーザーの深層のニーズに耳を傾けることで、事業活動とブランディングの「共創」を実現しています（図7―7）。

おわりに

米国経済（資本主義）が、一つの転換点を迎えています。2019年8月、米国大手企業のCEOらが所属する団体「ビジネス・ラウンドテーブル」は、企業のパーパス（存在意義）について新たな方針を発表し、これまで20年以上掲げてきた「株主至上主義」を見直し、顧客や従業員、サプライヤー、地域社会、株主などすべてのステークホルダーを重視する方針を表明したのです。この声明には、アマゾンやアップル、JPモルガン、ジョンソン・エンド・ジョンソンなど、181社のCEOが署名しています。

「ビジネス・ラウンドテーブル」はアメリカで有名な財界ロビーの一つで、1972年に設立され、アメリカの主要200企業のトップが会員となっている団体です。それが示すように大企業の利益を代表し、ロビーイング活動は強力で、それを支える調査研究活動や政策立案作業には会員企業の優秀な社員がスタッフとして協力する、日本における経団連に相当する活動を行っています。

ビジネス・ラウンドテーブルは1978年以降、コーポレート・ガバナンス（企業統治）原則を定期的に公表しており、1997年以降、企業は第一に株主に仕えるために存在するという「株主至上主義」の原則を表明していましたが、「時代に合わせ、長期的視点に立った方針に変更した」と今回の見直しについての見解を示しています。

新たに発表された「企業の存在意義」は、顧客、従業員、サプライヤー、地域社会、株主ごとに以下のように定義されています。

- 顧客への価値提供：我々は消費者の期待に応え、さらにその期待を上回ることで道を切り開いていくというアメリカ企業の伝統を推進していく。
- 従業員への投資：従業員への投資は、従業員を平等に保障し、重要な恩恵を与えることから始まる。急速に変化する世界で生き残るために、新たな技術を習得する手助けとなる訓練や教育を行い、従業員を支援する。ダイバーシティとインクルージョン、尊厳と尊敬を育んでいく。
- サプライヤーを公平に、倫理的に扱う：規模の大小を問わず、他の企業と良いパートナーになるために尽力する。それはミッションを達成することにもつながる。
- 事業を行う地域社会を支援：ビジネス全体を通して持続可能な取り組みを行うことで、

地域社会の人を尊重し、環境を保全する。

●企業が投資し、成長し、改革を行うための資本を提供してくれる株主の長期的価値を創造：株主に対し、透明性の確保と効果的なエンゲージメント（対話）を行う責任を果たす。

米ビジネス誌『ファスト・カンパニー』は、今回の見直しを後押しした要因として、2000年代に成人を迎えたミレニアル世代の台頭を背景に、「単なる利益の最大化以上に、より高尚なパーパス（存在意義）を掲げることが求められている」「消費者が人や環境に良いことをしているように見える企業が注目されるようになってきている」「社会的意識の高い投資家らが、持続可能性、企業責任、社会的インパクトといった観点を持つ金融商品に対して、膨大な額の投資を行うようになってきている」ことを挙げています。

「CEOは利益を生み、株主に価値を還元するために働く。しかし、一歩先を行く企業はそれ以上を目指す。そうした企業は顧客を最優先し、従業員や地域社会に投資する。最終的には、そうすることが長期的価値を構築する最も有力な方法なのだ」――プログレッシブ（米

保険会社）トリシア・グリフィスＣＥＯ

このコメントに象徴されるように、企業経営とステークホルダーとの関係の見直しが、はじまっています。この環境の変化は、ビジネスの成長を実現する活動であるブランディングに対しても大きな影響を与えることはいうまでもありません。真の意味で、すべてのステークホルダーと共創する時代が到来しているのです。

本書では、ブランドは、ステークホルダーの頭の中で形成される知覚として、常に変化するビジネス資産であることを述べてきました。同様に、ブランディングのあり様も、めまぐるしく変化する社会・経済環境の中で進化を続けています。

筆者は、バブル経済の終わりの頃に、広告業界で自身の社会人としてのキャリアをスタートしました。優秀なコピーライターが手がける一行のキャッチコピーで世界が変わる、当時の「広告」が持っていた世界に憧れて、その門を叩いたことを記憶しています。今思えば、当時はマーケティング自体も未成熟な時代で、ブランドも「アイデンティティの時代」でした。バブル経済の崩壊後、マーケティング活動の成熟化の過程で、インターネットの出現によってメディア・コミュニケーション環境も大きく変化する中、一行のキャッチコピーでは世界を変えることができないと認識したことが、筆者がブランディングに携わることになった経緯です。

最後に、当時インターブランドがビジョンに掲げていた言葉を紹介したいと思います。

Brands have the power to change the world.（ブランドは世界を変える力を持っている）

私たちは、人口の急激な減少という我が国固有の社会・経済環境の変化への対応を求められています。そこでは、人口増加時代の「価格競争」に傾注するビジネスモデルからいち早く脱却し、限られた労働力人口で高い収益を上げていくことなくして、私たちの、そして子供たち世代の幸せな未来は実現できません。

本書が、読者の皆さんの「ブランディング」についての理解に少しでも役立ち、皆さんのこれからのアクションによって、世界を変えていく一助になれば、これに勝るものはありません。

２０１９年11月　中村正道

著者略歴

中村 正道（なかむら・まさみち）

インターブランドジャパン エグゼクティブディレクター
関西学院大学法学部卒業後、I&S BBDO を経て、2005 年にインターブランドに参画。クライアントサービス＆ソリューション部門のディレクターとして、幅広い業種の企業・団体とのリレーションシップを構築し、クライアントのビジネス課題解決に向け、戦略構築からクリエイティブ、顧客体験開発にいたるブランディングで、シームレスなコンサルティングサービスを推進している。
著書に『ブランディング 7 つの原則』『ブランディング 7 つの原則［実践編］』（いずれも共著）がある。

日経文庫 1417

ブランディング

2019 年 12 月 13 日　1 版 1 刷

著者　中村 正道
発行者　金子 豊
発行所　日本経済新聞出版社
https://www.nikkeibook.com/
〒 100-8066　東京都千代田区大手町 1-3-7
電話：03-3270-0251（代）

装幀　next door design
組版　マーリンクレイン
印刷・製本　三松堂

　ISBN978-4-532-11417-6